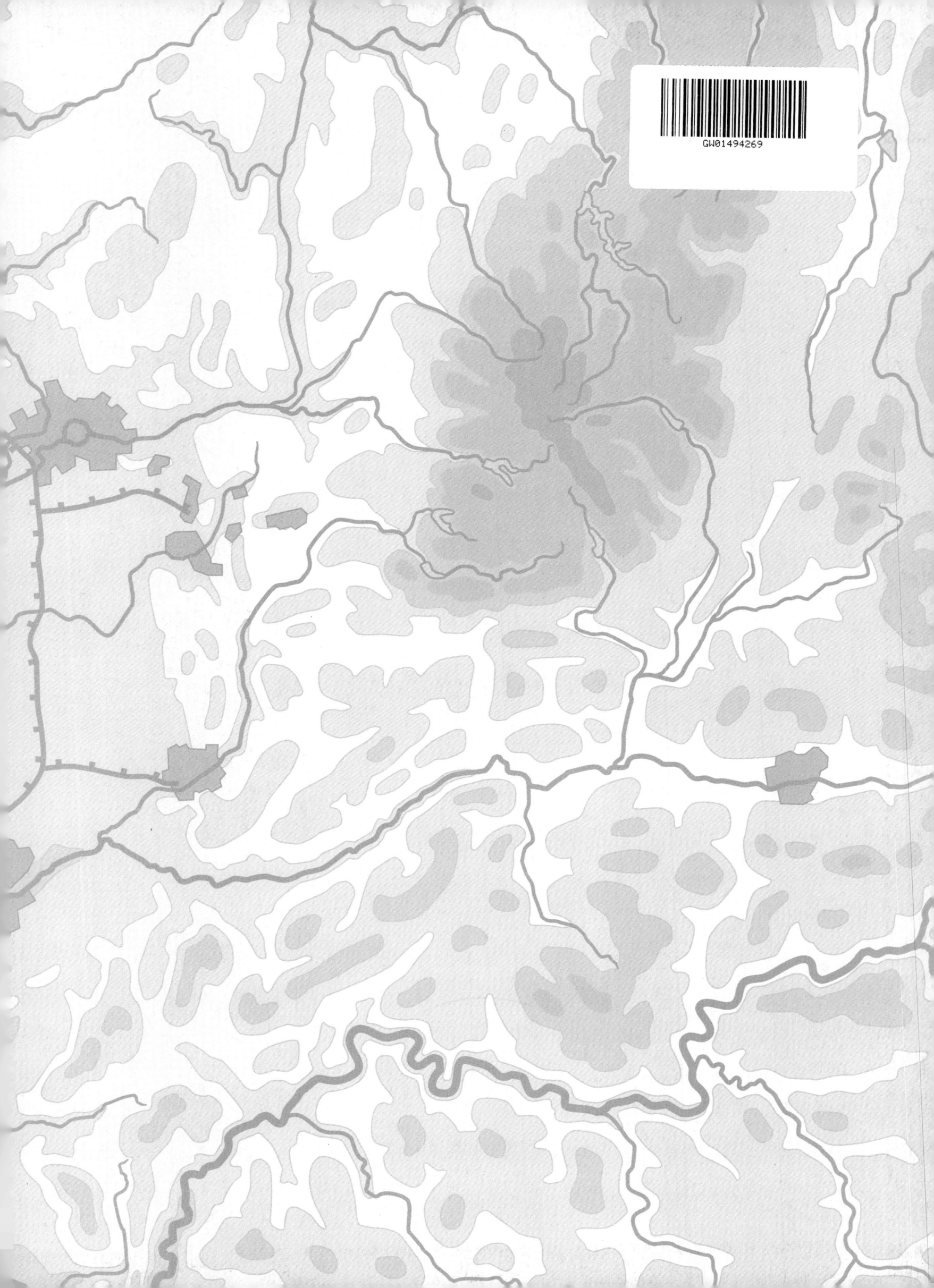

Ulf Zahn

Der
DIERCKE
Deutschlandatlas
für Kinder

Mit Illustrationen von
Don-Oliver Matthies

Arena

Inhalt

DAS GEHEIMNIS DER KARTEN	6–7
WO LIEGT DEUTSCHLAND?	8–9
DEUTSCHLAND – Staat mit Adler	10–11
BUNDESHAUPTSTADT BERLIN	12–13
ZOOLOGISCHER GARTEN BERLIN	14–15
DEUTSCHLAND – Land der vielen Sprachen	16–17
DIE WIRTSCHAFT – Alle Menschen brauchen Arbeit	18–19
DIE LANDWIRTSCHAFT – Frisch auf den Tisch	20–21
FLÜSSE UND KANÄLE – Mit dem Schiff durch Deutschland	22–23

DAS NORDDEUTSCHE TIEFLAND — 24–25

KÜSTEN AN NORD- UND OSTSEE – Sturmwarnung!	26–27
HAMBURG – Im größten Hafen Deutschlands	28–29
MOORE UND HEIDE	30–31
AUF DER DEUTSCHEN MÄRCHENSTRASSE	32–33
DAS MÜNSTERLAND – Wasserburgen und edle Pferde	34–35
DAS RUHRGEBIET – 14 Großstädte wachsen zusammen	36–37
ZWISCHEN ELBE UND ODER – Parklandschaften	38–39

DIE MITTELGEBIRGE — 40–41

DER HARZ – Ein Hexentanzplatz?	42–43
DER RHEIN – Vulkane und Burgen	44–45
RHEIN-MAIN – Der deutsche Verkehrsknoten	46–47
DAS FRANKENLAND – Eine Kunstreise	48–49
DIE SCHWÄBISCHE ALB – Von Sauriern und Höhlen	50–51
STUTTGART – Rund um das Auto	52–53
THÜRINGER WALD UND ERZGEBIRGE – Im Spielzeugland	54–55
DRESDEN – Im Wandel der Zeit	56–57

ALPENVORLAND UND ALPEN — 58–59

NATIONALPARKS IN BAYERN	60–61
SÜDDEUTSCHLAND – Auf den Spuren der Römer	62–63
MÜNCHEN – Landeshauptstadt und Kulturmetropole	64–65

DER ATLAS IM ATLAS

DEUTSCHLAND – Der Norden	66–67
DEUTSCHLAND – Die Mitte	68–69
DEUTSCHLAND – Der Süden	70–71

REGISTER	72–80

Maßstab 1 : 3 000 000

Inhalt 5

6 DAS GEHEIMNIS DER KARTEN

Seeräuber wie Klaus Störtebeker haben in früheren Zeiten ihre Schätze manchmal heimlich versteckt und deshalb Schatzkarten gezeichnet. Aber es gibt natürlich auch ganz andere Karten. Menschen, die solche Karten erarbeiten, nennt man Kartografen. Einige berühmte Kartografen verraten hier so einiges über das Geheimnis der Karten.

Klaus Störtebeker

**○ Gerhard Mercator,
Duisburg (1512–1594):**
»Der Riese Atlas trägt laut einer griechischen Sage schwer am Himmelsgewölbe, das auf seinen Schultern ruht. Eine Abbildung dieser Szene wählte ich als Einband für meine große Kartensammlung. Seither werden solche Kartenwerke ›Atlas‹ genannt. Dieses Kartenbuch fasst sehr unterschiedliche Karten zusammen. Sie sehen recht kompliziert aus. In Wirklichkeit sind sie das aber gar nicht. Karten lassen sich nämlich wie ein Buch lesen. Aber nur, wenn man über ihr Geheimnis Bescheid weiß. Und dieses Geheimnis steckt in den Farben und Kartenzeichen. Du kannst es lüften, wenn du dir das Kartenalphabet genau ansiehst. Es heißt auch Zeichenerklärung oder Legende. Wenn bei einer Atlaskarte keine Legende steht, dann schau auf dieser Seite nach.«

**○ Emil von Sydow,
Freiberg/Sachsen (1812–1873):**
»Die Karte ganz rechts nennt man Höhenschichtenkarte. Diese Art, Karten zu zeichnen, ist meine Erfindung. Ich habe mir das so ausgedacht:
Die Farben geben Auskunft über die Höhen. Grün ist die Farbe des Tieflands, Gelb und Braun die des Berglands und Dunkelbraun die des Hochgebirges. Die Karte informiert über den Verlauf von Flüssen und die Lage der Seen. Sie zeigt, wo sich Berge befinden und wie hoch sie sind. Orte sind auch mit ihrer Größe eingetragen.
Wer Orte sucht, schaut zuerst im Register nach. Dort stehen sie nach dem Alphabet geordnet und mit einer Seitenzahl versehen. Außerdem wird dort auch auf ein so genanntes Planquadrat hingewiesen, z. B. E 5. Auf der besagten Seite findest du den gesuchten Namen dann im Quadrat E 5.

Zu jeder Karte gehört ein Maßstab. Nur mit seiner Hilfe kann die Entfernung zwischen zwei Orten bestimmt werden. Der Maßstab gibt an, um wie viel kleiner die Wirklichkeit auf der Karte gezeichnet ist. Die Karten rechts haben den Maßstab 1 : 3 000 000. Das bedeutet, dass 1 cm auf den Karten in der Wirklichkeit 3 000 000 cm sind. Zwei Orte, die auf den Karten 1 cm auseinander liegen, sind also in Wirklichkeit 3 000 000 cm = 30 km voneinander entfernt.

Damit sich jeder Kartenleser gut auskennt, sind Karten grundsätzlich so angeordnet:
Norden oben, Süden unten, Westen links, Osten rechts. Wer auf einer Karte Richtungen angibt, sollte nicht von ›oben‹ oder ›links‹ sprechen, sondern immer die Himmelsrichtungen benutzen.«

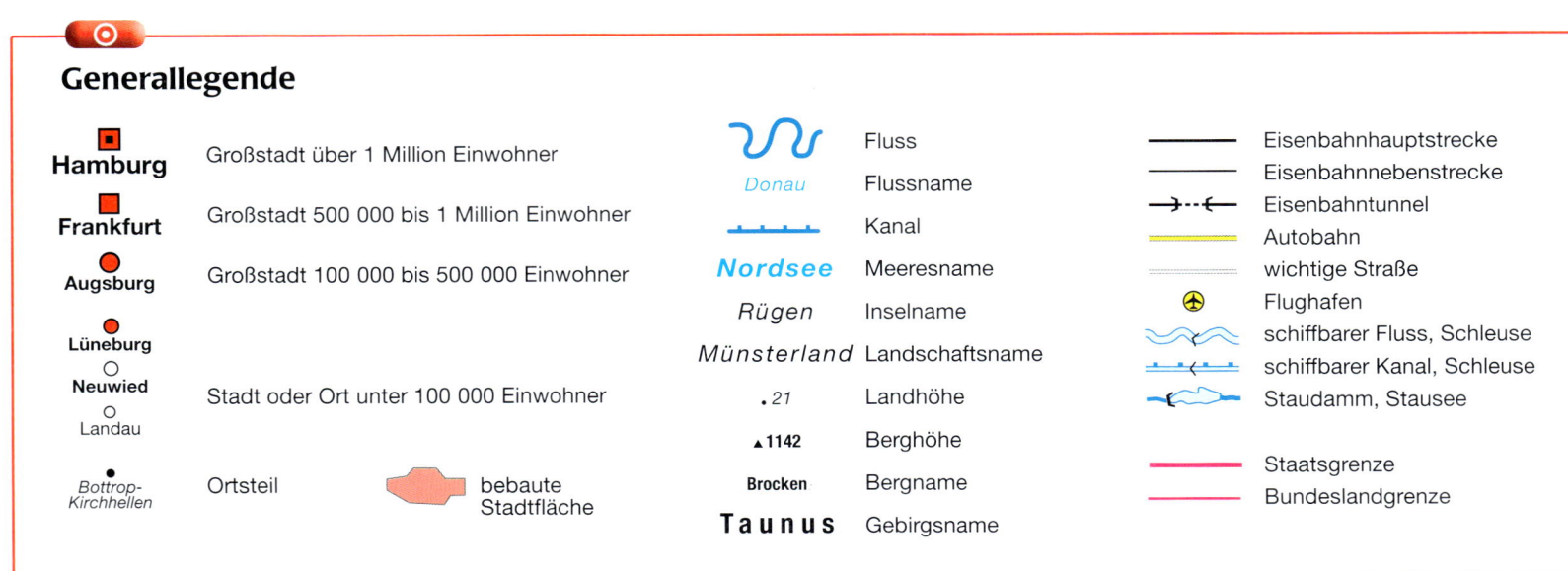

Generallegende

■ **Hamburg**	Großstadt über 1 Million Einwohner
■ **Frankfurt**	Großstadt 500 000 bis 1 Million Einwohner
● **Augsburg**	Großstadt 100 000 bis 500 000 Einwohner
● **Lüneburg** ○ **Neuwied** ○ Landau	Stadt oder Ort unter 100 000 Einwohner
• *Bottrop-Kirchhellen*	Ortsteil
	bebaute Stadtfläche
～～	Fluss
Donau	Flussname
⊢⊢⊢⊢	Kanal
Nordsee	Meeresname
Rügen	Inselname
Münsterland	Landschaftsname
. 21	Landhöhe
▲1142	Berghöhe
Brocken	Bergname
T a u n u s	Gebirgsname
———	Eisenbahnhauptstrecke
———	Eisenbahnnebenstrecke
→--←	Eisenbahntunnel
———	Autobahn
———	wichtige Straße
✈	Flughafen
～～	schiffbarer Fluss, Schleuse
⊢⊢⊢	schiffbarer Kanal, Schleuse
⌒	Staudamm, Stausee
———	Staatsgrenze
———	Bundeslandgrenze

DAS GEHEIMNIS DER KARTEN 7

● **Johann Baptist Homann, Nürnberg (1663–1724):**
»Könige und Fürsten früherer Zeiten wollten genau über ihr Reich Bescheid wissen und ließen deshalb Karten von ihrem Herrschaftsgebiet zeichnen. Solche politischen Karten sind also viel älter als Höhenschichtenkarten. Politische Karten wie diese hier zeigen die Grenzen der Staaten und innerhalb der Staaten auch die Verwaltungsgliederung. In Deutschland ist dies zum Beispiel die Aufteilung in Bundesländer. Die Staatsflächen sind unterschiedlich eingefärbt, damit sich die Umrisse der Staaten gut erkennen lassen. Natürlich sind auch die Namen der Staaten und Hauptstädte eingetragen.«

Ausschnitt aus einer thematischen Karte von Deutschland

Ausschnitt aus der politischen Karte von Deutschland

● **Carl Diercke, Kyritz/Brandenburg (1842–1913):**
»Heute erwarten die Menschen Informationen zu allen nur erdenklichen Sachgebieten. Diese werden in sehr unterschiedlichen Karten dargestellt, die thematische Karten heißen. Viele Farben und Kartenzeichen braucht man dafür. Deshalb ist es manchmal ganz schön anstrengend, die umfangreichen Legenden zu lesen. In diesem Atlas gehören die Deutschland-Übersichtskarten auf den Seiten 17–23 zu den thematischen Karten.«

Ausschnitt aus einer Höhenschichtenkarte von Deutschland

8 WO LIEGT DEUTSCHLAND?

Anflug auf die Erde: Der Astronaut orientiert sich mit Hilfe seiner Karten.

Wenn ein Astronaut im Weltall unterwegs ist und zur Erde blickt, wird er Deutschland nicht so leicht finden. Er kann Europa erkennen, einen Kontinent, der mit Asien zusammengewachsen ist. Aber Deutschland selbst ist nur so groß wie ein Stecknadelkopf. Die Gebirge werden erst bei einer starken Vergrößerung im Weltraumbild sichtbar. Grün leuchten alle mit Pflanzen bewachsenen Gebiete. Braun und gelb sieht man Steppen und Wüsten. Staaten, die stark gegliederte Küsten mit Inseln und Halbinseln besitzen, lassen sich recht gut erkennen: Island, Irland, Großbritannien, Italien oder Spanien mit Portugal. Aber Deutschland liegt mitten in Europa und hat keine so klaren natürlichen Grenzen. Ein Weltraumbild zeigt die Natur. Und in der Natur sind ja keine Staatsgrenzen zu sehen.

Klick! Der Astronaut schaltet auf eine Karte um. Er wählt eine Höhenschichtenkarte, klickt auf »Grenze von Deutschland« und auf die Farbe Rot. Nun ist klar zu erkennen: Deutschland grenzt an Nordsee und Ostsee. Es hat einen Anteil am europäischen Tiefland und den zentraleuropäischen

Die Höhenschichtenkarte von Europa

Landhöhen (in Meter)

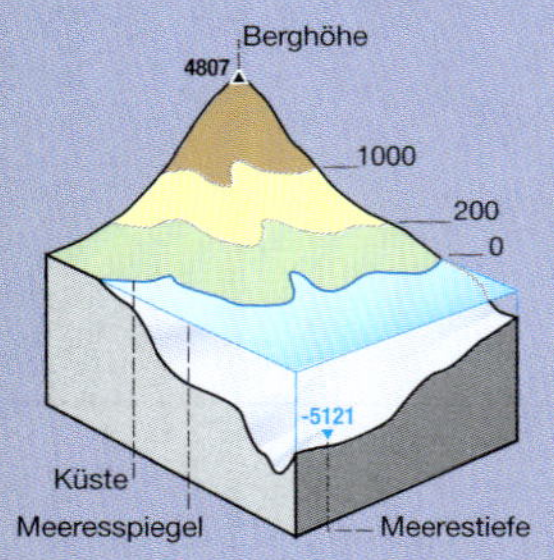

- Tiefland bis 200 m
- Mittelgebirge 200–1 000 m
- Hochgebirge über 1 000 m

Maßstab 1 : 30 000 000

WO LIEGT DEUTSCHLAND? 9

Wissenswertes

Nördlichster Ort:	List auf Sylt
Südlichster Ort:	Oberstdorf
Westlichster Ort:	Selfkant
Östlichster Ort:	Görlitz
Höchster Punkt:	Zugspitze (2 962 m)
Tiefster Ort:	Neuendorf (3,5 m unter dem Meeresspiegel)

Deutschland – umgeben von sage und schreibe neun Nachbarn. Und mit allen möchte Deutschland gute Nachbarschaft pflegen. Es ist deshalb auch Mitglied in der Europäischen Union (EU).

Alle Staaten, die zur Zeit zur EU gehören, sind in blauer Farbe eingezeichnet. Bald werden auch Deutschlands Nachbarn im Osten der EU beitreten.

Mittelgebirgen. Außerdem reicht es bis in die Alpen. Die Flüsse Rhein und Oder bilden an einigen Stellen eine natürliche Grenze.

Der Astronaut sucht weitere Informationen über Deutschland in seinem Computer und klickt auf eine neue Karte: Kein anderer Staat in Europa hat mehr Nachbarn als Deutschland. Das erfährt der Astronaut übrigens, wenn er auf »politische Karte« umschaltet. Denn dann erscheinen die 44 Staaten Europas. In der Mitte liegt

Von einem Satelliten aufgenommen: Europa aus 35 000 km Höhe

Europa im Weltraumbild

Die politische Karte von Europa

Maßstab 1 : 30 000 000

10 DEUTSCHLAND – Staat mit Adler

Die Bundesrepublik Deutschland hat eine Fläche von 357 000 km². Im Weltvergleich steht sie damit an 61. Stelle und gilt als mittelgroß. In der Karte trennen dicke rote Linien als ▬ Staatsgrenzen einen Staat von einem anderen Staat. In Wirklichkeit sind Grenzen natürlich nicht mit Linien markiert, sondern an der Grenze wurden Schilder mit den Staatswappen aufgestellt. Das deutsche Staatswappen zeigt einen Adler. Weil Deutschland Mitglied der Europäischen Union ist, stehen an den Grenzen das deutsche Staatswappen und das Europazeichen nebeneinander. Aufgeteilt ist die Bundesrepublik Deutschland in 16 Bundesländer. Eine dünne rote Linie zeigt deren — Landesgrenzen.
Seit 1990 ist Berlin die ■ Bundeshauptstadt. Jedes Bundesland hat außerdem eine ● Landeshauptstadt.

Staatswappen

Landesflagge

Wahrzeichen der Europäischen Union

BADEN-WÜRTTEMBERG
Fläche: 35 750 km²
Einwohner: 10 476 000
Landeshauptstadt: Stuttgart
Einwohner: 582 000

FREISTAAT BAYERN
Fläche: 70 550 km²
Einwohner: 12 155 000
Landeshauptstadt: München
Einwohner: 1 189 000

BERLIN
(Land, Bundes- und Landeshauptstadt)
Fläche: 890 km²
Einwohner: 3 387 000

BRANDENBURG
Fläche: 29 480 km²
Einwohner: 2 601 000
Landeshauptstadt: Potsdam
Einwohner: 130 000

FREIE HANSESTADT BREMEN
(mit Bremerhaven)
Fläche: 400 km²
Einwohner: 663 000
Landeshauptstadt: Bremen
Einwohner: 543 000

FREIE UND HANSESTADT HAMBURG
(Land und Landeshauptstadt)
Fläche: 755 km²
Einwohner: 1 705 000

HESSEN
Fläche: 21 120 km²
Einwohner: 6 052 000
Landeshauptstadt: Wiesbaden
Einwohner: 267 000

MECKLENBURG-VORPOMMERN
Fläche: 23 170 km²
Einwohner: 1 789 000
Landeshauptstadt: Schwerin
Einwohner: 105 000

NIEDERSACHSEN
Fläche: 47 610 km²
Einwohner: 7 899 000
Landeshauptstadt: Hannover
Einwohner: 516 000

NORDRHEIN-WESTFALEN
Fläche: 34 080 km²
Einwohner: 18 000 000
Landeshauptstadt: Düsseldorf
Einwohner: 568 000

RHEINLAND-PFALZ
Fläche: 19 850 km²
Einwohner: 4 031 000
Landeshauptstadt: Mainz
Einwohner: 186 000

SAARLAND
Fläche: 2 570 km²
Einwohner: 1 072 000
Landeshauptstadt: Saarbrücken
Einwohner: 185 000

FREISTAAT SACHSEN
Fläche: 18 410 km²
Einwohner: 4 460 000
Landeshauptstadt: Dresden
Einwohner: 453 000

SACHSEN-ANHALT
Fläche: 20 450 km²
Einwohner: 2 649 000
Landeshauptstadt: Magdeburg
Einwohner: 239 000

SCHLESWIG-HOLSTEIN
Fläche: 15 770 km²
Einwohner: 2 777 000
Landeshauptstadt: Kiel
Einwohner: 237 000

FREISTAAT THÜRINGEN
Fläche: 16 170 km²
Einwohner: 2 449 000
Landeshauptstadt: Erfurt
Einwohner: 203 000

Bei internationalen Sportveranstaltungen erklingt die deutsche Nationalhymne – zum Beispiel bei einem Fußballländerspiel. Auch beim Empfang von Staatsgästen ist sie zu hören. Der Dichter ist Hoffmann von Fallersleben (siehe Seite 32). Die Melodie wurde von der österreichischen Kaiserhymne übernommen. Josef Haydn hat sie komponiert.

Bronze für die deutschen Fußballerinnen bei den Olympischen Spielen in Sydney 2000. Zur Siegerehrung wird die Nationalhymne gespielt.

Die Nationalhymne

Einigkeit und Recht und Freiheit
Für das deutsche Vaterland!
Danach lasst uns alle streben,
Brüderlich mit Herz und Hand!
Einigkeit und Recht und Freiheit
Sind des Glückes Unterpfand –
Blüh im Glanze dieses Glückes,
Blühe, deutsches Vaterland!

Maßstab 1 : 3 000 000

12 BUNDESHAUPTSTADT BERLIN

↳ Empfang eines Staatsgastes vor dem Bundeskanzleramt. Die Skulptur des Spaniers Chillida steht für die deutsche Wiedervereinigung.

Als Folge des Zweiten Weltkrieges war Deutschland viele Jahre lang ein geteiltes Land. Der westliche Teil hieß Bundesrepublik Deutschland, der östliche Teil Deutsche Demokratische Republik, kurz DDR. Selbst durch die heutige Hauptstadt Berlin verlief eine Grenze, es gab den Westteil und den Ostteil der Stadt. In dieser Zeit war Bonn die Hauptstadt der Bundesrepublik Deutschland und der Ostteil Berlins die Hauptstadt der Deutschen Demokratischen Republik. Seit der deutschen Einheit 1990 ist Berlin die Hauptstadt.

In der Stadtmitte entstand ein neues Regierungsviertel. Dies ist das politische Zentrum Deutschlands. Die Bundestagsabgeordneten, die das Parlament bilden, tagen im Reichstag (1). Der Bundespräsident empfängt die Staatsgäste im Schloss Bellevue (2). Chef der Regierung ist der Bundeskanzler. Er hat ein neues Bundeskanzleramt (3) bezogen. Einige seiner Minister leiten ein Ministerium (4) im Stadtzentrum. Auch die Bundesländer sind in Berlin vertreten. Zu gemeinsamen Beratungen versammeln sich deren Ministerpräsidenten im Bundesrat (5). Schließlich suchen auch die Botschaften 🏠 anderer Staaten die Nähe der Regierung.

14 ZOOLOGISCHER GARTEN BERLIN

Der Zoo im Westen Berlins ist der älteste Zoo in Deutschland und auch der bei weitem artenreichste. 2 000 verschiedene Tierarten leben hier, insgesamt 14 000 Tiere und überwiegend solche, die es bei uns nicht gibt! Mithilfe der farbigen Punkte unter der Tierleiste und der Weltkarte findest du die Heimat der Tiere ganz leicht. Auf dem Zooplan ist eingetragen, wo du die Tiere im Zoo besuchen kannst. Übrigens gibt es in Berlin noch einen zweiten großen Zoo, den Tierpark im Osten der Stadt.

Gerade in großen Städten gehen die Menschen gern für ein paar Stunden in den Zoo. So haben sie eine schöne Gartenanlage um sich und können in Ruhe die Tiere beobachten.
Ein besonderer Spaß ist es, bei der Tierfütterung zuzusehen.
Da manche Tierarten heute vom Aussterben bedroht sind, bemühen sich die Zoos darum, diese Tiere zu züchten und sie mit anderen Zoos auszutauschen.

Diese Weltkarte zeigt die Kontinente der Erde. Hier sind die Tiere aus dem Berliner Zoo ursprünglich zu Hause.

Das Elefantentor ist ein Eingang zum Zoo.

Die größten Zoos in Deutschland

Wenn der Braunbär sich vor seiner Höhle sonnt, bleiben die Kinder an dem großen Gehege stehen.

Die Tierfütterung ist ein schönes Erlebnis für die Besucher. Sie findet immer zu bestimmten Uhrzeiten statt.

ZOOLOGISCHER GARTEN BERLIN

Maßstab 1 : 4 000

Geburtstag feiern im Berliner Zoo! Hier dürfen die jungen Gäste Zootiere aus nächster Nähe beobachten. Eine spannende Führung gewährt auch Einblick in Bereiche, die dem Zoobesucher sonst verborgen bleiben.

Tiere im Zoo

1	Tiger	10	Pelikan
2	Bison	11	Giraffe
3	Pinguin	12	Lama
4	Zebra	13	Orang-Utan
5	Indischer Elefant	14	Nashorn
6	Springbock (Gazelle)	15	Esel
7	Känguru	16	Bär
8	Pavian	17	Walross
9	Kamel	18	Löwe

16 DEUTSCHLAND – Land der vielen Sprachen

Insgesamt leben in Deutschland 82 Millionen Menschen. Wenn sie alle gleichmäßig über den Staat verteilt wären, hätte jeder zum anderen nur 65 m Abstand. Sie könnten sich also noch durch Rufen miteinander verständigen. In Wirklichkeit aber sind die 82 Millionen Menschen ganz ungleich verteilt. In einer Stadt leben die Menschen sehr viel dichter beieinander als auf dem Land. So sind es in Berlin 3 800 Einwohner, die auf einem km² leben, im benachbarten Bundesland Brandenburg aber nur 90 Einwohner pro km².

◗ Ein Land – mehrere Sprachen

In erster Linie wird in Deutschland natürlich Deutsch gesprochen. Daneben gibt es hier auch Sprachen, die nur kleinere deutsche Bevölkerungsgruppen sprechen. Man nennt sie daher Minderheitensprachen. Solche Minderheitensprachen sind Friesisch und Dänisch, wobei es in Dänemark auch eine deutsche Minderheit gibt. Auch Romanes, die Sprache der Sinti und Roma, und Sorbisch, das in der Lausitz gesprochen wird, zählen zu den Minderheitensprachen. In der Lausitz sind die Ortstafeln in zwei Sprachen beschriftet (siehe Seite 39). Sorbisch ist mit der polnischen und tschechischen Sprache verwandt.

◗ Deutsch – für viele Mitbürger eine Fremdsprache

Über sieben Millionen ausländische Mitbürger leben in Deutschland. Vor allem in den großen Städten kann man viele verschiedene Sprachen hören. Für die Kinder ausländischer Mitbürger ist das gar nicht so einfach. Zu Hause redet man meist in der Muttersprache miteinander, in der Schule aber müssen sie Deutsch sprechen.

Ausländische Mitbürger in Deutschland:

Türkei	2 000 000
Serbien und Montenegro	740 000
Italien	620 000
Griechenland	360 000
Polen	290 000
Kroatien	210 000
Österreich	190 000
Bosnien-Herzegowina	170 000
Portugal	130 000
Spanien	120 000
Iran	120 000
Großbritannien	110 000
USA	110 000
Niederlande	110 000
Frankreich	110 000

◗ Eine Sprache – viele Mundarten

Da die deutsche Sprache viele Mundarten kennt, können sich Menschen aus verschiedenen Gegenden Deutschlands manchmal nur schwer untereinander verständigen. In einigen deutschen Ländern lernen die Kinder ihre Mundart auch in der Schule. In der Karte sind die wichtigsten Mundarten eingetragen.

↑ Max und Moritz

Hochdeutsch
Max und Moritz, im Verstecke,
schnarchen aber an der Hecke
und vom ganzen Hühnerschmaus
guckt nur noch ein Bein heraus.
Dieses war der zweite Streich,
doch der dritte folgt sogleich.

Niederdeutsch (Ostfriesisch)
Max un Moritz dick un rund
snurken achter d Heeg up d Grund.
Blot een Stückje Höhnerbeen
kannst vant Ferenveeh noch sehn.
Süh, dat weer Streek Nummer twee –
gliek kummt nu Streek Nummer dree!

Mitteldeutsch (Sächsisch)
Doch dorweele im Vorschdägge
grunsen d Räbchen um de Wädde,
un vom gansn Hiehnorkleen
schield häraus nur noch ä Been.
S zweede Ding hammse gedrehd,
guggmor ma, wies weidorgeht.

Oberdeutsch (Bairisch)
Im Versteck liagn frech und gsund,
d Wamperl voi und kugelrund,
rechts da Moritz, links da Maxl,
ausm Mai schaugt no oa Haxl.
S war de zwoate Lumperei,
weita geht's mit Numma drei.

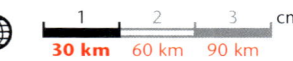

Maßstab 1 : 3 000 000

DEUTSCHLAND – Land der vielen Sprachen

18 DIE WIRTSCHAFT – Alle Menschen brauchen Arbeit

↑ Industrie-Roboter werden von Computern gesteuert.

Die allermeisten erwachsenen Menschen gehen zur Arbeit. So verdienen sie sich das Geld für die Dinge, die sie selbst zum Leben brauchen. Und sie stellen Dinge her oder leisten Dienste, die andere Menschen benötigen.
Die große Karte rechts zeigt Industriegebiete mit besonders vielen Arbeitsplätzen. Deutschland ist äußerst stark im Maschinen- und Automobilbau. Sogar komplette Fabriken liefert die Industrie ins Ausland. Auch in der Elektrotechnik, der Luftfahrt und der Chemie spielt Deutschland eine besondere Rolle. Manche Firmen haben sich auf Hightech-Erzeugnisse aus Glas, Keramik und Kunststoff spezialisiert.

← Hightech-Industrie: Guss eines gläsernen 8-Meter-Spiegelträgers für ein Riesenteleskop zur Sternenbeobachtung

→ Nach spannenden 23 Monaten ist es so weit: Der erste von vier Spiegelträgern liegt auf dem Prüfstand.

Rohstoffe müssen aus aller Welt herantransportiert, Fertigwaren an die Kunden geliefert werden. Deshalb ist eine günstige Verkehrsanbindung für die Wirtschaft entscheidend. In der Weltwirtschaft steht Deutschland auf Platz drei.
Es muss mit asiatischen Staaten wie China, Malaysia oder Indien konkurrieren, die manche Waren viel billiger liefern, denn die Arbeiterinnen und Arbeiter dort verdienen wenig Geld. Selbst Kinder müssen oft mitarbeiten. Die deutsche Wirtschaft bemüht sich mit Erfindungsreichtum und besonders guter Qualität ihren Platz zu behaupten.
Alle Berufe, die keine Waren herstellen, fasst man unter dem Begriff »Dienstleistung« zusammen: Radio und Fernsehen, Handel und Banken, Schule und Gesundheitswesen und vieles mehr. In Deutschland arbeiten heute von 100 Menschen 70 in Dienstleistungsberufen. Die große Karte rechts zeigt auch die bedeutendsten Dienstleistungsstandorte.

Spielzeugherstellung in Deutschland

↑ Für die Anfertigung von Spielzeug werden keine großen Fabriken benötigt. Daher gibt es auch in kleinen Orten Spielzeughersteller.

🧸 Puppen, Plüschtiere, Holzspielzeug
🚂 Mechanisches Spielzeug, Modellbau, Modellbahn
📘 Bücher, Spiele, Stifte, Farben

Bergbau
- Erdöl
- Steinkohle
- Braunkohle

Energieerzeugung (Stromerzeugung)
- Kraftwerk (Kohle, Öl)
- Kernkraftwerk
- Wasserkraftwerk

Verkehr
- Autobahn
- Fernstraße
- Eisenbahn
- schiffbarer Fluss
- schiffbarer Kanal
- Seehafen
- Erdölleitung

Dienstleistung
- Verwaltungszentrum, Banken, Versicherungen, Forschungs- und Bildungszentrum, Großhandel, Verkehrszentrum
- Wirtschaftszentrum

Industrie
- Eisen- und Stahlerzeugung
- Aluminiumhütte
- Maschinenbau, Stahlbau, Metallbau
- Schienenfahrzeugbau
- Schiffbau (Werft)
- Flugzeugbau
- Automobilbau
- Veredlungsindustrie (Elektronik, Elektrotechnik, Feinmechanik, Optik)
- Chemie (Kunststoffe, Glas, Gummi, Arzneimittel, Farben, Düngemittel)
- Erdölraffinerie
- Stoffe, Bekleidung, Lederwaren
- Holz, Holzverarbeitung, Zellulose, Papier
- Nahrungs- und Genussmittel
- Fischverarbeitung

Maßstab 1 : 3 000 000

DIE WIRTSCHAFT – Alle Menschen brauchen Arbeit

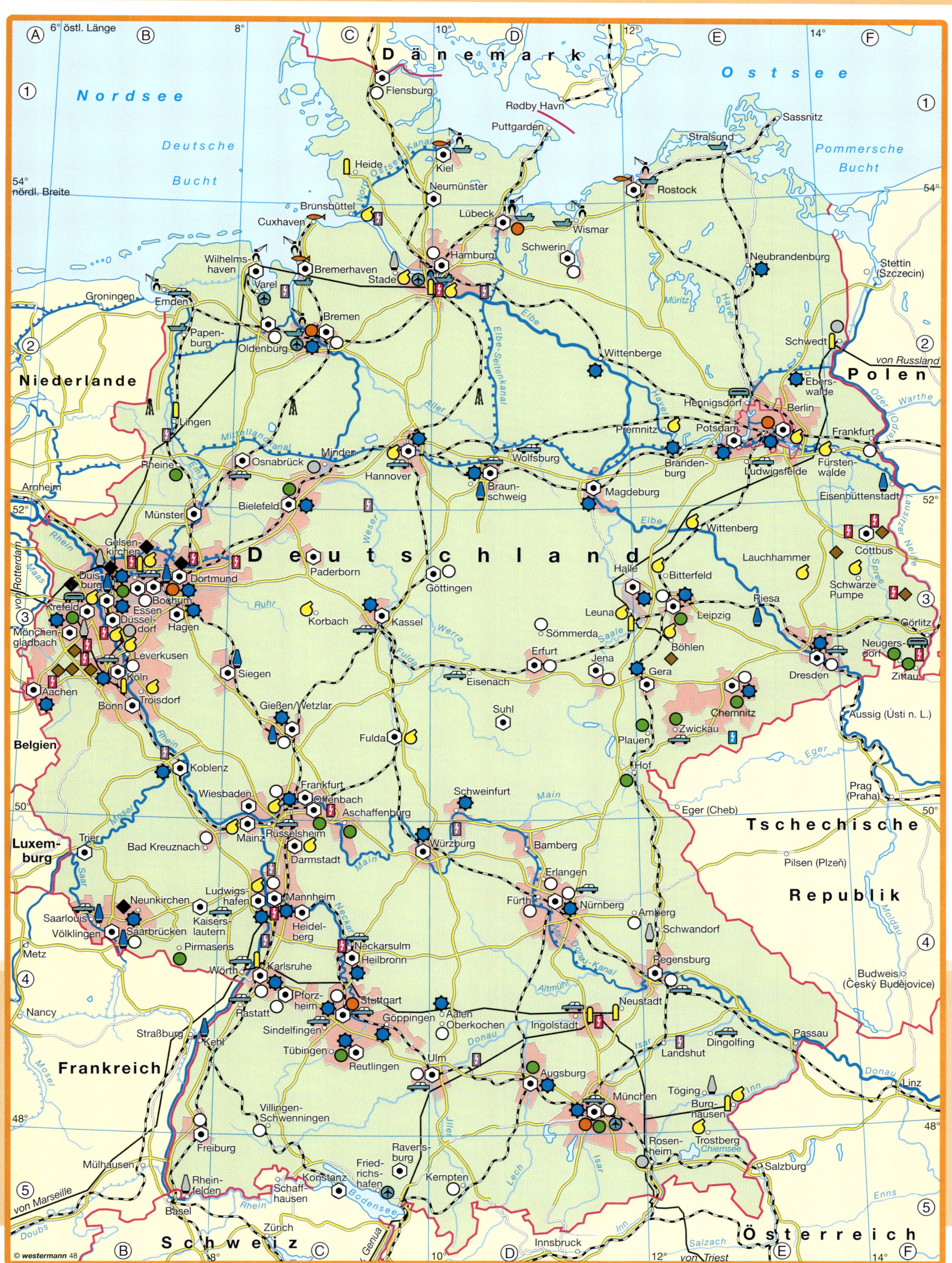

DIE LANDWIRTSCHAFT – Frisch auf den Tisch

Von 100 Menschen arbeiten in Deutschland weniger als zwei in der Landwirtschaft. Trotzdem prägt sie die Landschaft, versorgt die Menschen mit Nahrungsmitteln und beliefert die Industrie mit Rohstoffen. Wie gut Nutzpflanzen gedeihen können, hängt von der Qualität des Bodens und dem Klima ab. Weizen wächst zum Beispiel nur auf guten Böden. Für den Anbau von Kartoffeln reichen nährstoffärmere Böden aus.

Wo es kühl ist und viel regnet oder der Grundwasserspiegel hoch steht, wie in den Marschen, werden die Flächen als Weiden genutzt. An Berg- und Talhängen kann Ackerbau nur sehr mühsam betrieben werden, sodass auch hier meist Vieh weidet. Sind diese Hänge nach Süden gerichtet und werden von der Sonne stark erwärmt, ist Weinbau möglich. Schweine- und Hühnerzucht erfolgt in Ställen, es ist also wenig Fläche nötig.

Klima in Deutschland

- trocken und warm
- Sommer kühl, Winter mild
- Sommer feucht, Winter kühl
- Sommer trocken, Winter kalt
- kühl, regenreich, Schnee im Wir
- kalt, regenreich, viel Schnee
- ○ Klimastation
- −2,4 Ø-Temperatur im Winter in °C
- +17,2 Ø-Temperatur im Sommer in °C

↑ Mit dem Mähdrescher zur Weizenernte: Nur auf nährstoffreichen Böden wächst dieses Getreide.

Weizen | Zuckerrüben | Gerste | Roggen | Kartoffeln
gute bis sehr gute Böden | geringwertige Böden

↑ Dicke Trauben, volle Körbe: Weinlese an sonnigen Berghängen

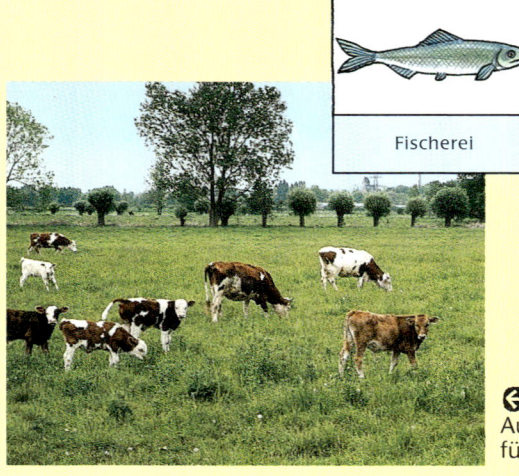

Fischerei | Schweinezucht | Rinderhaltung Dauergrünland

← Auf saftigem Dauergrünland fühlen sich Rinder wohl.

| Weinbau | ••• Obst | ○○○ Gemüse | Forstwirtschaft

Maßstab 1 : 3 000 000 — 30 km, 60 km, 90 km

DIE LANDWIRTSCHAFT – Frisch auf den Tisch

22 FLÜSSE UND KANÄLE – Mit dem Schiff durch Deutschland

FLÜSSE UND KANÄLE – Mit dem Schiff durch Deutschland

Flüsse und Flussauen sind wichtige Lebensräume für Pflanzen und Tiere. Aber diese Lebensräume sind gefährdet. Zum einen liegen an den Flüssen viele große Städte und Industrien, deren Abwässer in die Flüsse geleitet wurden. Zum andern wurden Deiche gegen Hochwasser gebaut. Und schließlich begradigte man für die Schifffahrt zahlreiche Flüsse. So kam es, dass manche Pflanzen und Tiere sehr selten wurden.
Heute bemüht man sich, die Lebensräume zu erhalten. Flüsse werden mithilfe von Klärwerken wieder rein gehalten. Und wo es noch Flussauen gibt, erklärt man sie zu Naturparks und Naturschutzgebieten. Übrigens sind saubere Flüsse auch für den Menschen überaus wichtig, denn sie liefern Trinkwasser!

Mit dem Schiff durch Deutschland?
Ja, das geht tatsächlich. Ein Binnenschiffer übernimmt Fracht im Hamburger Hafen. Sein Ziel ist Regensburg. Aus 7 500 km deutschen Binnenwasserstraßen auf Flüssen und Kanälen wählt er seine Route.

Zwei berühmte Bauwerke liegen auf der Strecke. Das Schiffshebewerk Scharnebeck hebt und senkt Schiffe in 15 Minuten um 38 m. Es ist das größte Doppelsenkrechthebewerk Europas.

Bei Minden kreuzt der Mittellandkanal auf einer 375 m langen Brücke die Weser und ist somit das größte Bauwerk dieser Art in Europa.

In Duisburg erreicht der Binnenschiffer den größten Binnenhafen Europas. Dann geht es auf dem Rhein weiter. Zahlreiche Schiffe begegnen ihm jetzt, denn der Rhein ist die meistbefahrene Wasserstraße Europas. Schleuse um Schleuse muss das Schiff auf dem Main und dem Main-Donau-Kanal bis Regensburg passieren.

In Regensburg wird in einem Kanal eine sehr alte Steinbrücke umfahren. Sie wurde vor 850 Jahren erbaut.

Graureiher, Barbe, Barsch, Brachse, Karausche, Dreistachliger Stichling, Wels

Die längsten Flüsse von der Quelle bis zur Mündung:

		Quelle	Mündung
Donau	2 860 km	Deutschland	Rumänien
Rhein	1 326 km	Schweiz	Niederlande
Elbe	1 154 km	Tschechien	Deutschland
Oder	903 km	Tschechien	Polen
Weser und Werra	773 km	Deutschland	Deutschland
Mosel	545 km	Frankreich	Deutschland
Main	524 km	Deutschland	Deutschland

Wasserstraßen für die Frachtschifffahrt
- schiffbarer Fluss
- schiffbarer Kanal
- Schleuse
- sehenswerte technische Bauwerke
- Fluss / Kanal — nicht für die Frachtschifffahrt

Maßstab 1 : 3 000 000

24 DAS NORDDEUTSCHE TIEFLAND

Das Tiefland weist nur geringe Höhenunterschiede auf. Nahe der Küste, in Neuendorf in der Wilster Marsch, liegt das Land 3,5 m unter dem Meeresspiegel. Es ist der tiefstgelegene Ort Deutschlands. Nur Deiche verhindern eine Überflutung. Der höchste Berg des Tieflandes dagegen erhebt sich in den Hagelbergen im Fläming. Er ragt nur 201 m auf, das sind 100 m weniger als das höchste Bauwerk Hamburgs, der Funkturm Billwerder.

Vom Watt zur Marsch

Das Tiefland läuft so flach in das Meer aus, dass bei Ebbe der Meeresboden frei liegt. Bei Flut dagegen überschwemmt das Meer den Boden wieder. Dieser Teil der Nordsee heißt Watt. Im Watt setzt der Wechsel von Ebbe und Flut Schlamm ab. Die Fachleute sagen dazu Schlick. Wenn sich genug Schlick abgesetzt hat, wird das Watt zur Marsch. Die Marsch ist ganz flach.

① Hallig Hooge – bei Ebbe liegt der Meeresboden frei ...

bei Flut überschwemmt das Meer den Boden ...

② Die Küste von Dithmarschen – eine Marschlandschaft

... und bei Sturmflut herrscht »Land unter«.

Die große Eiszeit

Vor 100 000 Jahren kam eine große Eiszeit mit gewaltigen Gletschern aus dem Norden. Wie eine Planierraupe schoben diese Gletscher riesige Mengen von Lehm, Sand, Kies und Findlingen vor sich her. Manche Gebiete wurden ausgeschürft, dort findet man heute Seen. An anderer Stelle wurde Material zu Hügeln und Wällen aufgeschoben. Das Land sieht bergig aus. Wenn dort vorwiegend Sand und Schotter abgelagert sind, nennt man diese Landschaft Geest. Die Lüneburger Heide ist solch eine Geest.

③ Die Lüneburger Heide – eine Geestlandschaft

Norddeutschland während der Eiszeit

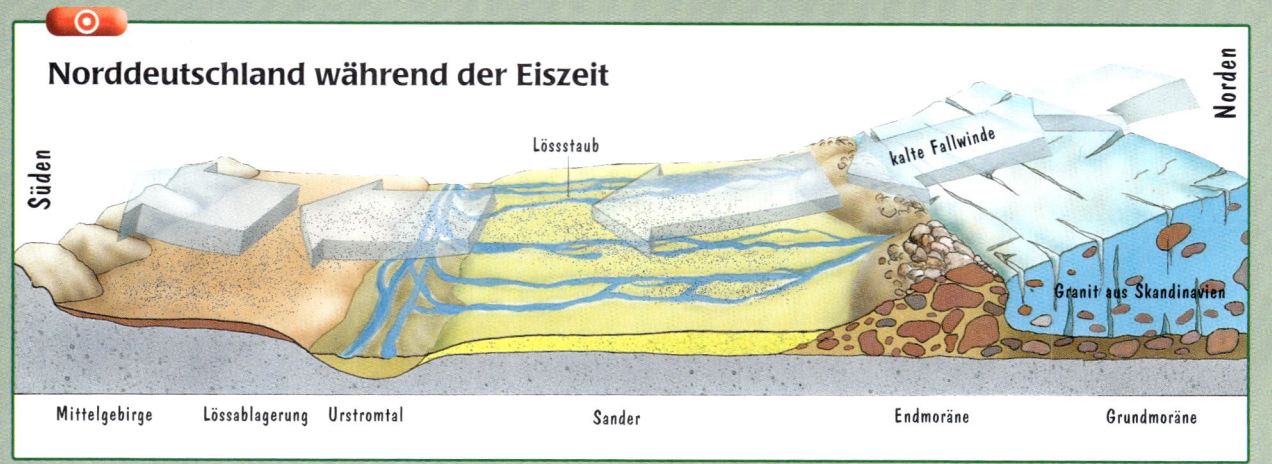

Mittelgebirge | Lössablagerung | Urstromtal | Sander | Endmoräne | Grundmoräne

Maßstab 1 : 3 000 000

DAS NORDDEUTSCHE TIEFLAND 25

④ Die roten Sandsteinfelsen Helgolands sind Schuttmassen ehemaliger Gebirge.

Ein Trog entsteht

Wenn gigantische Erdkräfte Gebirge aufsteigen lassen, dann sinkt an anderer Stelle das Land ab und bildet einen Trog. Das Norddeutsche Tiefland ist solch ein Trog. Die Schuttmassen ehemaliger Gebirge und Meeresablagerungen haben den Trog wieder aufgefüllt. Nur an wenigen Stellen sind diese alten Gesteine im Tiefland zu sehen. Berühmt sind die roten Sandsteine Helgolands, der Kalkberg von Bad Segeberg und die weißen Kreidefelsen von Stubbenkammer auf Rügen.

⑤ Die Müritz, ein See der Mecklenburgischen Seenplatte, entstand, als die Gletscher schmolzen.

Die Gletscher schmelzen

Zwischen all den Schotterbergen musste sich auch das Schmelzwasser einen Abfluss bahnen. Es entstanden Urstromtäler, in denen heute Weser, Aller, Elbe und Oder fließen. In Schmelzwasserrinnen blieben viele Seen zurück, zum Beispiel die Mecklenburgische Seenplatte. Erst vor etwa 10 000 Jahren war Norddeutschland wieder eisfrei.

26 KÜSTEN AN NORD- UND OSTSEE – Sturmwarnung!

○ Der Nationalpark Wattenmeer

Das Wattenmeer bildet eine einzigartige Lebensgemeinschaft. Es ist daher zum Nationalpark erklärt worden. Muscheln, Würmer, Schnecken, Krebse und Fische finden hier eine ideale Lebensgrundlage. Von ihnen wiederum ernähren sich hunderttausende See- und Strandvögel. Auf den Salzwiesen rasten im Frühjahr und Herbst Enten und Gänse. Der Lebensraum ist sehr empfindlich. Daher ist es eine Katastrophe, wenn Schiffe verunglücken und Öl ausläuft. Viele Tiere gehen dann jämmerlich zu Grunde.

→ Rettung aus dem Öl: Diese Trottellumme wird zusammen mit anderen Tieren versorgt.

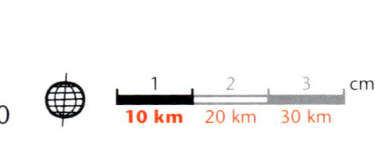

Maßstab 1 : 1 000 000

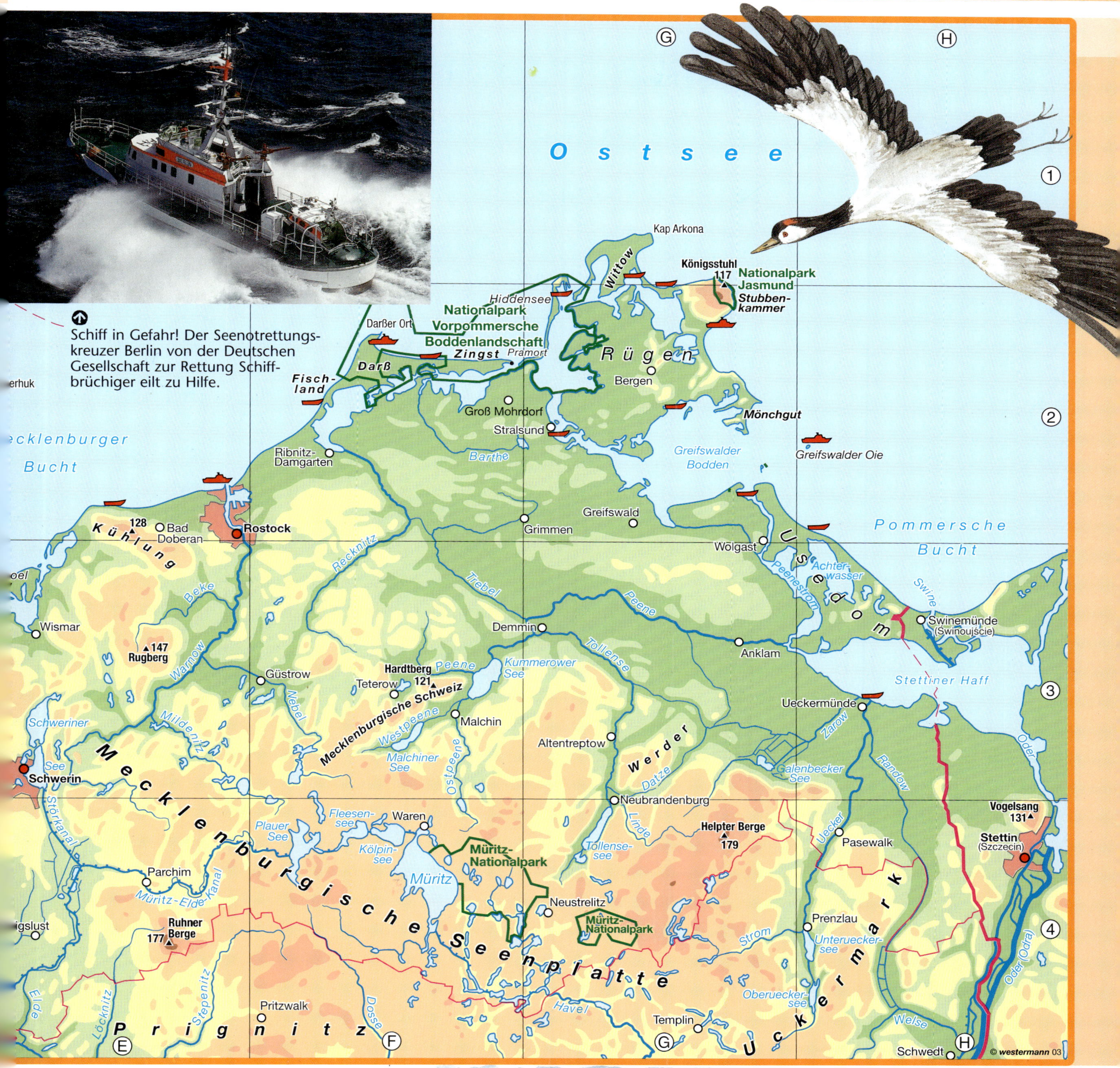

KÜSTEN AN NORD- UND OSTSEE – Sturmwarnung!

Schiff in Gefahr! Der Seenotrettungskreuzer Berlin von der Deutschen Gesellschaft zur Rettung Schiffbrüchiger eilt zu Hilfe.

▸ Rettung aus Seenot
Die Küste wird mit Deichen gegen schwere Stürme und Sturmfluten geschützt. Aber Schiffe können schnell in Seenot geraten. Die Gesellschaft zur Rettung Schiffbrüchiger hat viele freiwillige Helfer und kann einige Seenotrettungskreuzer einsetzen. Auf der Karte sind alle Häfen eingetragen, von denen aus Retter zu Hilfe eilen.

▸ Der Zug der Kraniche
Eines der schönsten Naturerlebnisse in Deutschland ist der Zug der Grauen Kraniche auf dem Weg von Schweden und Finnland in den Süden Spaniens. Im Oktober rasten die scheuen Vögel an der Boddenküste. Wenn die Tage kürzer werden, ziehen sie weiter. In Groß Mohrdorf befindet sich das Nationalparkzentrum mit einer Beobachtungsstation. Von Pramort aus sind bis zu 20 000 Kraniche zu sehen, die abends ihre Schlafplätze aufsuchen.

Die Rettungsflotte der Deutschen Gesellschaft zur Rettung Schiffbrüchiger

- Seenotrettungskreuzer
- Seenotrettungsboot

28 HAMBURG – Im größten Hafen Deutschlands

Rekord

Der Hamburger Hafen ist nicht nur der größte Hafen Deutschlands, sondern einer der bedeutendsten Häfen der Welt.
Die Schiffe müssen mithilfe eines Lotsen 100 km die Elbe aufwärts fahren, um ihn zu erreichen. Jeden Tag kommen Seeschiffe in Hamburg an. Sie transportieren Massengüter wie Öl, Kohle und Getreide. Stückgüter werden in Kisten und Säcken verpackt und dann in Container verladen. Container sind große Stahlkisten, die schnell umgeladen werden können. Im Hafen gibt es vier Bahnhöfe. Mehrere tausend Waggons werden an den Kais täglich beladen und entladen. Viele LKWs erreichen den Hafen schnell auf der Autobahn. Auch auf Binnenschiffe können Güter umgeladen werden. Der Hamburger Hafen besteht seit 800 Jahren. Jedes Jahr wird der Hafengeburtstag mit einem Volksfest gefeiert.

Schlepper bugsieren einen Tanker zum Liegeplatz.

Ein Feuerlöschboot kann in alle Richtungen Wasser versprühen.

Ein Containerschiff wird beladen.

Kontrollfahrt der Wasserschutzpolizei

Arbeiten
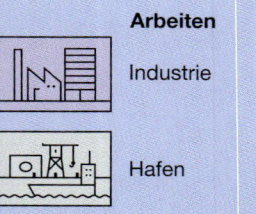 Industrie
 Hafen
Landwirtschaft
Obstanbau
Baumschulen

Erholen
 Wald
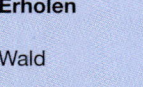 Park, Wiesen
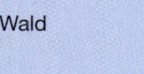 *Harburger Berge* Name des Erholungsgebietes
 Wohnen
Einkaufen

Verkehr
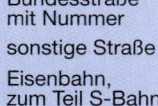 Autobahn mit Nummer
Bundesstraße mit Nummer
sonstige Straße
Eisenbahn, zum Teil S-Bahn
U-Bahn
 Flughafen
Landesgrenze

Maßstab 1 : 150 000

1,5 km 3 km 4,5 km

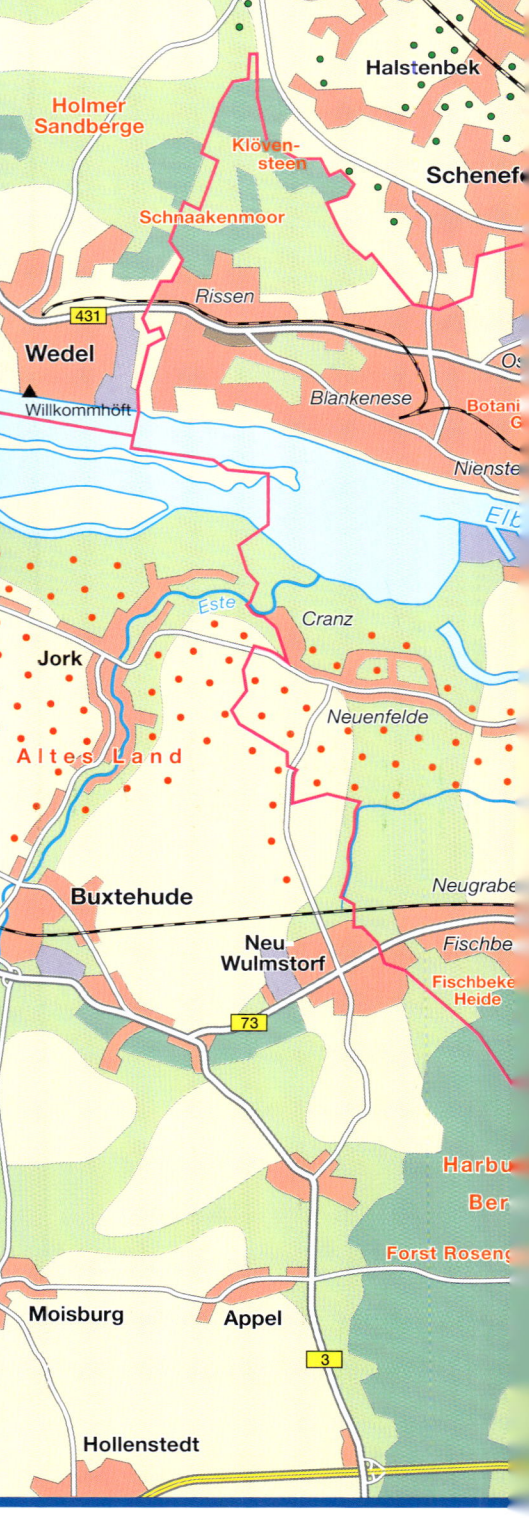

HAMBURG – Im größten Hafen Deutschlands

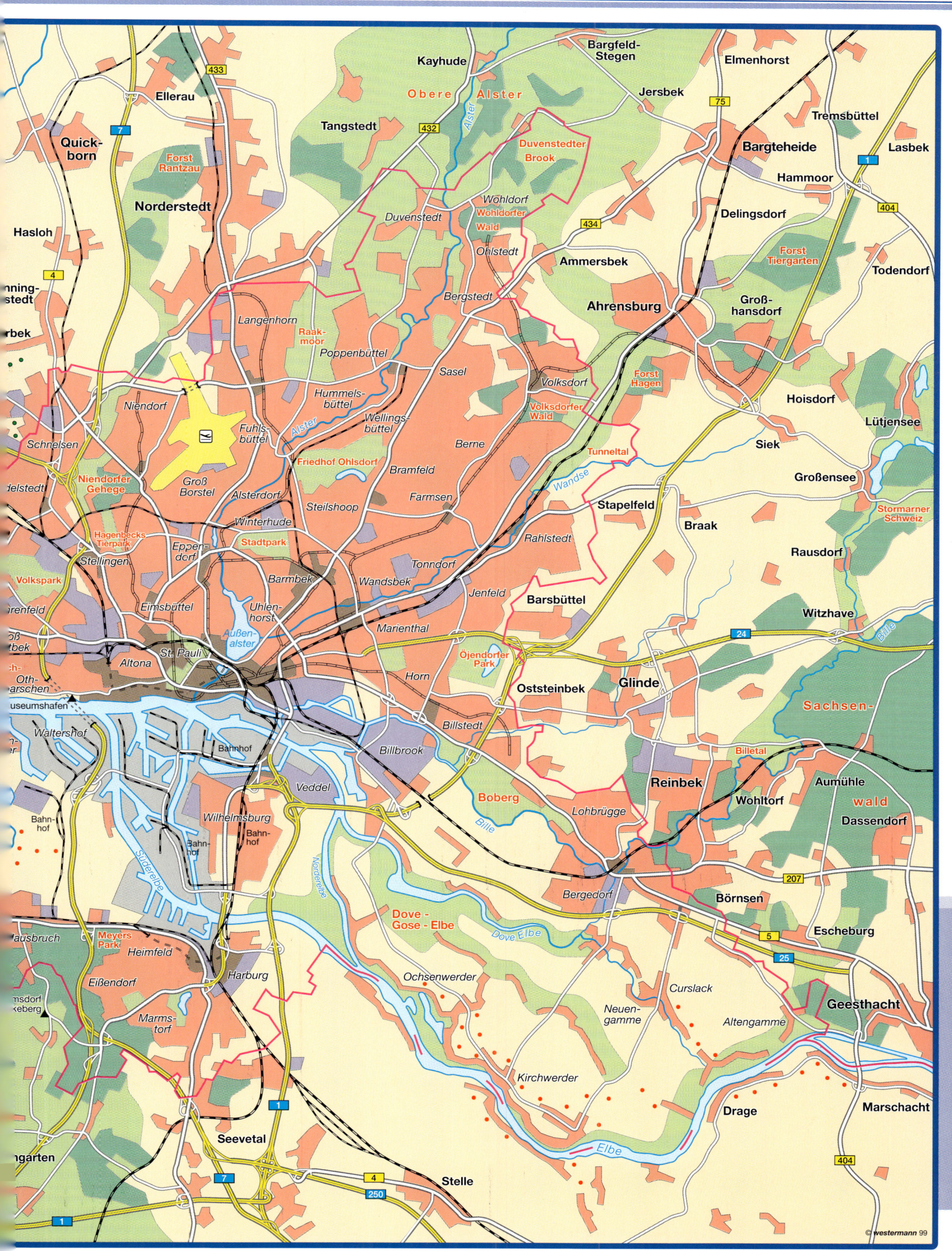

MOORE UND HEIDE

Im Teufelsmoor

»Teufelsmoor« – das klingt so richtig gruselig. Früher fürchteten sich die Menschen vor den unheimlichen Moorlandschaften. Überall, wo in der Karte ≡ blaue Striche eingetragen sind, gab es früher Moore. Das Land liegt nur wenige Meter über dem Meeresspiegel. Alle diese ▪ Flächen liegen sogar darunter. Weil die Flüsse ganz träge fließen, steht der Grundwasserspiegel sehr hoch. Hinzu kommt häufiges Regenwetter. Das sind ideale Bedingungen für das Torfmoos. Es wuchs über Jahrtausende zu dicken Schichten heran und diese entwickelten sich zu Torf. Vor 250 Jahren begannen die Menschen, den Torf abzubauen und die Moore für die Landwirtschaft umzugestalten. Die kleinen Reste der einst riesigen Moore sind nun unter Naturschutz gestellt. Moore sind ökologisch besonders wertvoll, denn sie sind Lebensraum gefährdeter Pflanzen und Tiere.

Erlebnisparks in Deutschland (eine Auswahl)

Die Lüneburger Heide

Besonders viele Menschen besuchen die Lüneburger Heide im August und September, dann nämlich, wenn das Heidekraut blüht und der Wacholder seine kugeligen Früchte trägt. Wacholderbeeren kennen wir als Küchengewürz. Wer in der Heide wandert, begegnet Schäfern mit ihren Heidschnucken. Das ist eine Schafrasse mit schwarzem »Gesicht« und schlanken schwarzen Beinen.

MOORE UND HEIDE 31

Die Heide würde sich ohne menschliches Eingreifen in einen Kiefernwald wandeln. Heidschnucken weiden nämlich nicht nur das Gras, sondern auch die Baumschösslinge ab. Außerdem befreien sie die Heide von Spinnweben. So erst können die Bienen im Heidekraut Nektar sammeln.
In der Nähe von Großstädten und Fremdenverkehrsregionen sind Erlebnisparks gebaut worden: Zwei liegen im Zentrum der Heide.

Die Heidschnuckenherde ist unersetzlich zur Pflege der Heidelandschaft.

Maßstab 1 : 750 000

7,5 km   15 km   22,5 km

AUF DER DEUTSCHEN MÄRCHENSTRASSE

Ein Dornröschenschloss: die Sababurg im Reinhardswald

○ Märchen der Gebrüder Grimm

Aschenputtel, Frau Holle oder Rotkäppchen – wer kennt sie nicht, die Märchen der Brüder Jacob und Wilhelm Grimm? Die Brüder lebten eine Zeit lang in Kassel. Dort sammelten sie Märchen und Sagen. Einige der schönsten erzählte ihnen die »Märchenfrau« Dorothea Viehmann. Es ist also anzunehmen, dass zahlreiche Märchen in den Wäldern der Umgebung spielen. Hänsel und Gretel sollen sich im Solling bei Höxter verlaufen haben. Dornröschen könnte auf der Sababurg im Reinhardswald gelebt haben. Die Märchenbücher gibt es seit 1812.

Die Märchenstraße führt durch Orte, in denen die Gebrüder Grimm gelebt haben, wie Kassel und Göttingen. Sie endet im Norden bei den Bremer Stadtmusikanten. Aber auch andere Märchen und Sagen sind mit Orten nahe der Märchenstraße verbunden. Die Rattenfänger-Sage kommt aus Hameln. In Göttingen ist die Gänseliesel zu Hause und vor der Stadt Buxtehude sollen Hase und Igel um die Wette gelaufen sein.

Der Rattenfänger von Hameln

○ Der Lügenbaron

Auf der Märchenstraße erreicht man auch Bodenwerder. Hier lebte vor 250 Jahren Freiherr Karl Friedrich Hieronymus von Münchhausen. Er unterhielt seine Freunde mit phantasievollen Geschichten aus seinem abenteuerlichen Leben. So erzählte er ihnen zum Beispiel, dass er auf einer Kanonenkugel geritten sei und dass er sich an seinem eigenen Zopf aus einem Sumpf gezogen habe. In Wirklichkeit aber waren seine Geschichten nichts anderes als Märchen oder Lügengeschichten. Deshalb nannte man ihn auch den Lügenbaron.

Münchhausenbrunnen in Bodenwerder

○ Till Eulenspiegel

Ein weiterer Spaßvogel: Till Eulenspiegel! Vor 700 Jahren hat er wohl tatsächlich gelebt. Er ist also keine Märchenfigur. In Kneitlingen bei Braunschweig soll er geboren und in Mölln gestorben sein. Till war ein schlauer Bauer und ärgerte die Handwerker in den Städten, die meinten, sie seien klüger. Die Streiche entstanden meist, weil er Aufträge allzu wortwörtlich ausführte. Till musste oft fliehen und zog daher im Laufe der Zeit nach Bremen, Einbeck, Eisleben, Halberstadt, Helmstedt, Lübeck, Lüneburg, Magdeburg und Mölln.

Till Eulenspiegel

○ Alle Kinder singen seine Lieder

Mehr als 200 Kinderlieder hat August Heinrich Hoffmann geschrieben, der sich – um nicht verwechselt zu werden – nach seinem Geburtsort »von Fallersleben« nannte. »Ein Männlein steht im Walde«, »Alle Vögel sind schon da«, »Kuckuck, Kuckuck ruft's aus dem Wald«, »Auf unsrer Wiese gehet was« oder »Morgen kommt der Weihnachtsmann« sind nur einige seiner Werke. Er hat aber auch ernste Gedichte geschrieben. Sein bekanntestes ist unsere Nationalhymne. Er dichtete sie 1841 auf der Insel Helgoland. Im Schloss Fallersleben (Stadt Wolfsburg) können Kinder seine Lieder hören und selber Kinderlieder spielen.

Hoffmann von Fallersleben

○ Max und Moritz

Ein Abstecher von der Märchenstraße führt nach Hannover in das Wilhelm-Busch-Museum. In der Nähe ist der Dichter und Maler geboren. Seine lustigen Bildergeschichten rund um die Lausejungen Max und Moritz hat Wilhelm Busch im Jahr 1863 auf der Herrenmühle in Ebergötzen gezeichnet. Der Ort liegt ganz im Süden der Karte. Dort war Wilhelm Busch oft zu Gast bei seinem Onkel. Und hier in der Mühle hatte er die besten Einfälle.

Wilhelm Busch

● Gebrüder Grimm
● Münchhausen
● Wilhelm Busch
● Till Eulenspiegel
● Hoffmann von Fallersleben

Maßstab 1 : 1 000 000

34 DAS MÜNSTERLAND – Wasserburgen und edle Pferde

Die Heckenlandschaft ist typisch für das Münsterland.

Frei lebende Wildpferde

Das Meerfelder Bruch nahe der Stadt Dülmen ist eine Landschaft aus Sumpfwiesen, Heide und Wald. In ihr leben die einzigen Wildpferde in Deutschland völlig frei. Diese kleinen Dülmener Wildpferde gehören zu den Ponys. Sie nahmen entlaufene Hauspferde in ihre Herde auf und kreuzten sich mit ihnen. Also sind sie keine reinrassigen Wildpferde mehr.
Jedes Jahr Ende Mai kommen Pferdeliebhaber aus Münster und dem nahen Ruhrgebiet, um zuzuschauen, wie die einjährigen Hengste eingefangen und verkauft werden.

Burgen – von Wasser umgeben

Hecken durchziehen das Münsterland, Äcker, Wiesen, Weiden und Wälder wechseln häufig. Die Landschaft des Münsterlandes erscheint wie ein riesiger Park. Und weil es keine schroffen Berge gibt, stehen Burgen und Schlösser in der Ebene und sind zum Schutz von Wassergräben umgeben. 143 Wasserburgen haben die Kartografen in die Karte eingetragen.

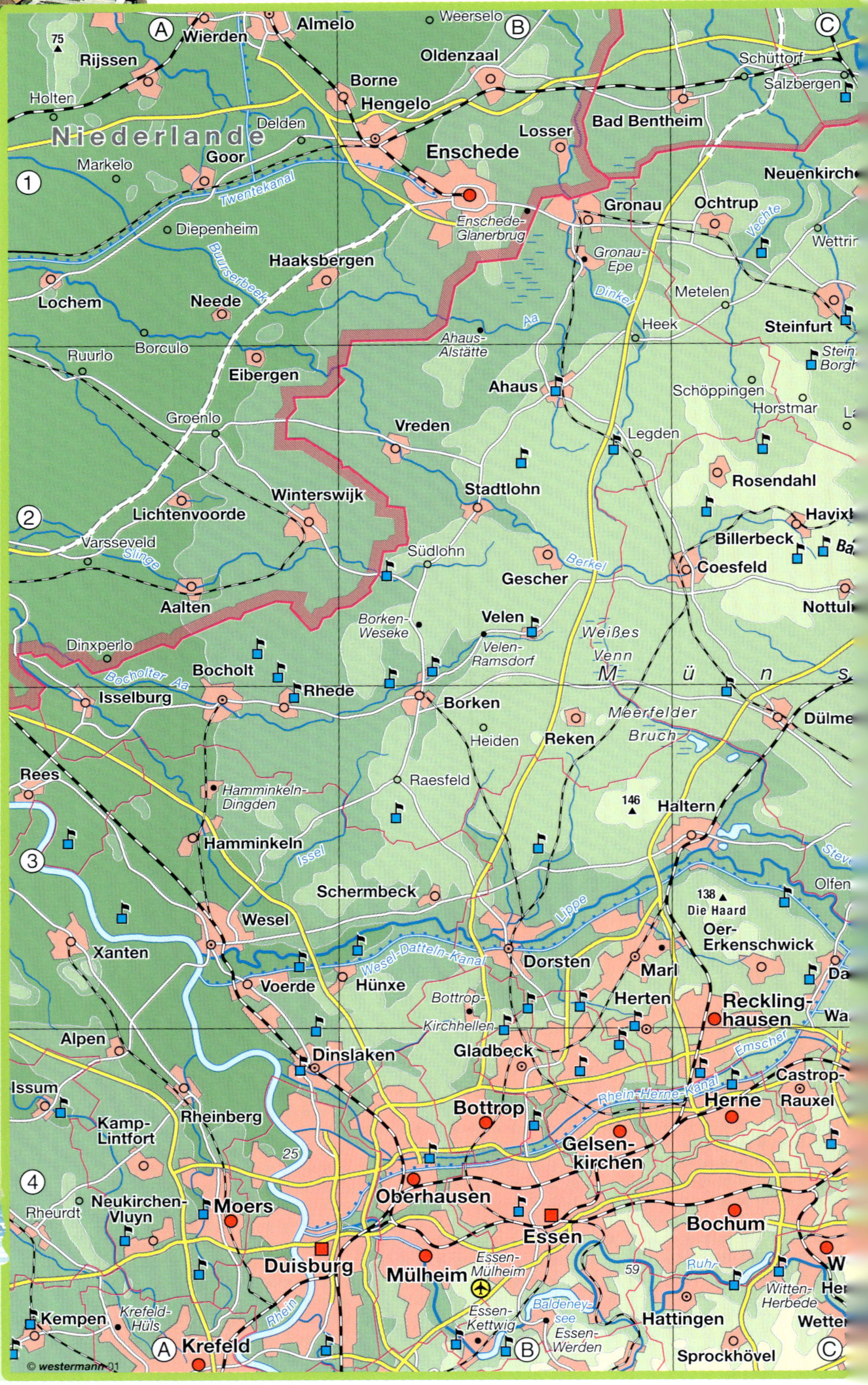

Die Dichterin aus dem Münsterland

In solch einer Wasserburg ist die bedeutende deutsche Dichterin, Annette Freiin von Droste-Hülshoff, aufgewachsen. Geboren wurde sie im Jahr 1797 in Haus Hülshoff bei Münster, wo sie 29 Jahre wohnte. Liebevoll hat sie ihre Heimat beschrieben: »... und bald befinden wir uns in dem Herzen des Münsterlandes, in einer Gegend, die so anmutig ist wie der gänzliche Mangel an Gebirgen, Felsen und belebten Strömen dieses nur immer gestattet ...«

Annette von Droste-Hülshoff lebte in Haus Hülshoff, einer Wasserburg.

DAS MÜNSTERLAND – Wasserburgen und edle Pferde

Die Väter vieler berühmter Pferde stammen aus Warendorf. Bei der Hengstparade werden die prächtigsten Tiere vorgeführt.

Warendorf – eine echte Pferdestadt

Das Münsterland ist ein Pferdeland, aber in Warendorf dreht sich alles ganz besonders um Pferde. Wo es viele Reitställe gibt, muss die Pferdezucht gut organisiert sein. Daher gibt es in Warendorf das Landgestüt mit erstklassigen Hengsten verschiedener Pferderassen. Jedes Jahr im Herbst veranstaltet das Landgestüt die Hengstparade, eine Leistungsschau mit den schönsten Pferden. Auch für den Pferdesport ist Warendorf enorm wichtig. Rund 6 300 Reitvereine vertritt die Deutsche Reiterliche Vereinigung. Ihr ist auch das Bundesleistungszentrum Reiten angeschlossen. Viele deutsche Olympia-, Welt- und Europameister trainierten schon in Warendorf.

Maßstab 1 : 500 000

36 DAS RUHRGEBIET – 14 Großstädte wachsen zusammen

Bedeutende Fußballvereine

Im Fußball-Fieber
In keiner anderen Region Deutschlands gibt es so viele Bundesligaklubs und Traditionsvereine wie im Ruhrgebiet. Fußball kurbelt auch die Wirtschaft an. Jedes Wochenende pilgern tausende Fans in die Stadien und zahlen Eintritt. Durch Fanartikel, Fernsehen und Werbung erhalten die Vereine zusätzliches Geld. Fußball ist international. Stars aus vielen Ländern spielen in den Mannschaften.

FC Schalke 04 gegen Borussia Dortmund! Ein besonderes Ereignis ist es, wenn zwei Klubs aus dem Ruhrgebiet aufeinander treffen.

Über fünf Millionen Menschen leben und arbeiten heute im Ruhrgebiet. Niemand hätte das damals vor etwa 200 Jahren ahnen können, als der Steinkohleabbau an der Ruhr bei den kleinen Städten Essen, Witten und Dortmund begann. Stahlwerke und chemische Fabriken benötigten die Kohle dringend. Immer mehr Firmen wurden gegründet und immer mehr Menschen zogen in das Ruhrgebiet. Die ursprünglich kleinen Orte wuchsen so stark, dass man kaum noch erkennen kann, wo eine Stadt aufhört und die nächste beginnt. Heute ist das Ruhrgebiet das wirtschaftliche Herz Deutschlands.

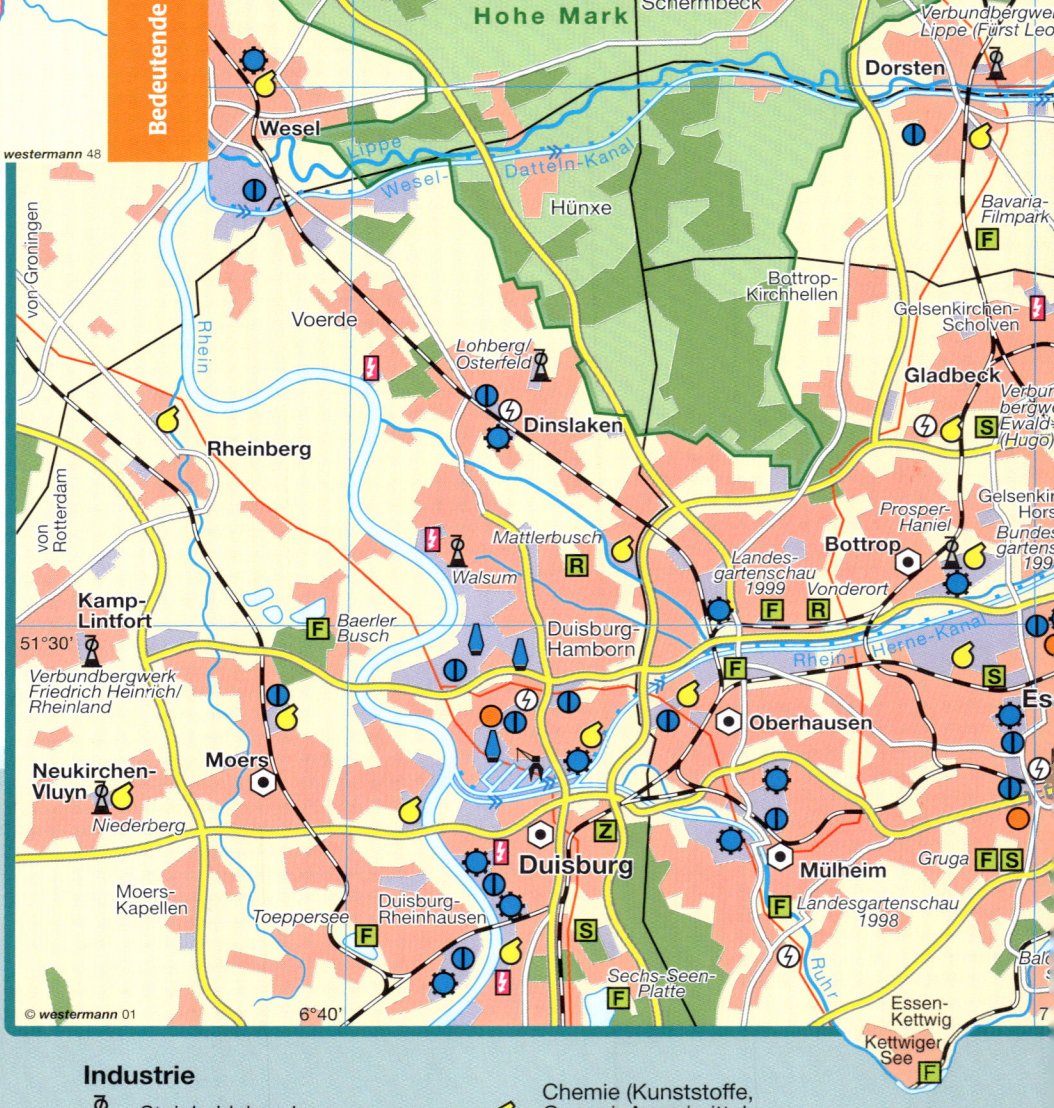

Steinkohleabbau mit dem Walzenschrämlader. Trotz modernster Technik geht der Steinkohlebergbau immer weiter zurück.

Industrie
- Steinkohlebergbau
- Eisen- und Metallerzeugung
- Eisen- und Metallverarbeitung
- Maschinenbau
- Fahrzeugbau
- Erdölraffinerie
- Chemie (Kunststoffe, Gummi, Arzneimittel, Farben, Düngemittel)
- Computertechnik, elektrische und optische Geräte
- Nahrungs- und Genussmittel
- Erdölleitung
- Erdgasleitung

Energieerzeugung (Stromerzeugung)
- Kraftwerk (Braunkohle, Steinkohle)
- Wasserkraft

DAS RUHRGEBIET – 14 Großstädte wachsen zusammen

← Kraftwerk Gelsenkirchen: Sichere und preiswerte Energie ist die Grundlage der modernen Wirtschaft.

↑ Dienstleistung ohne Computer? Das kann sich niemand mehr vorstellen.

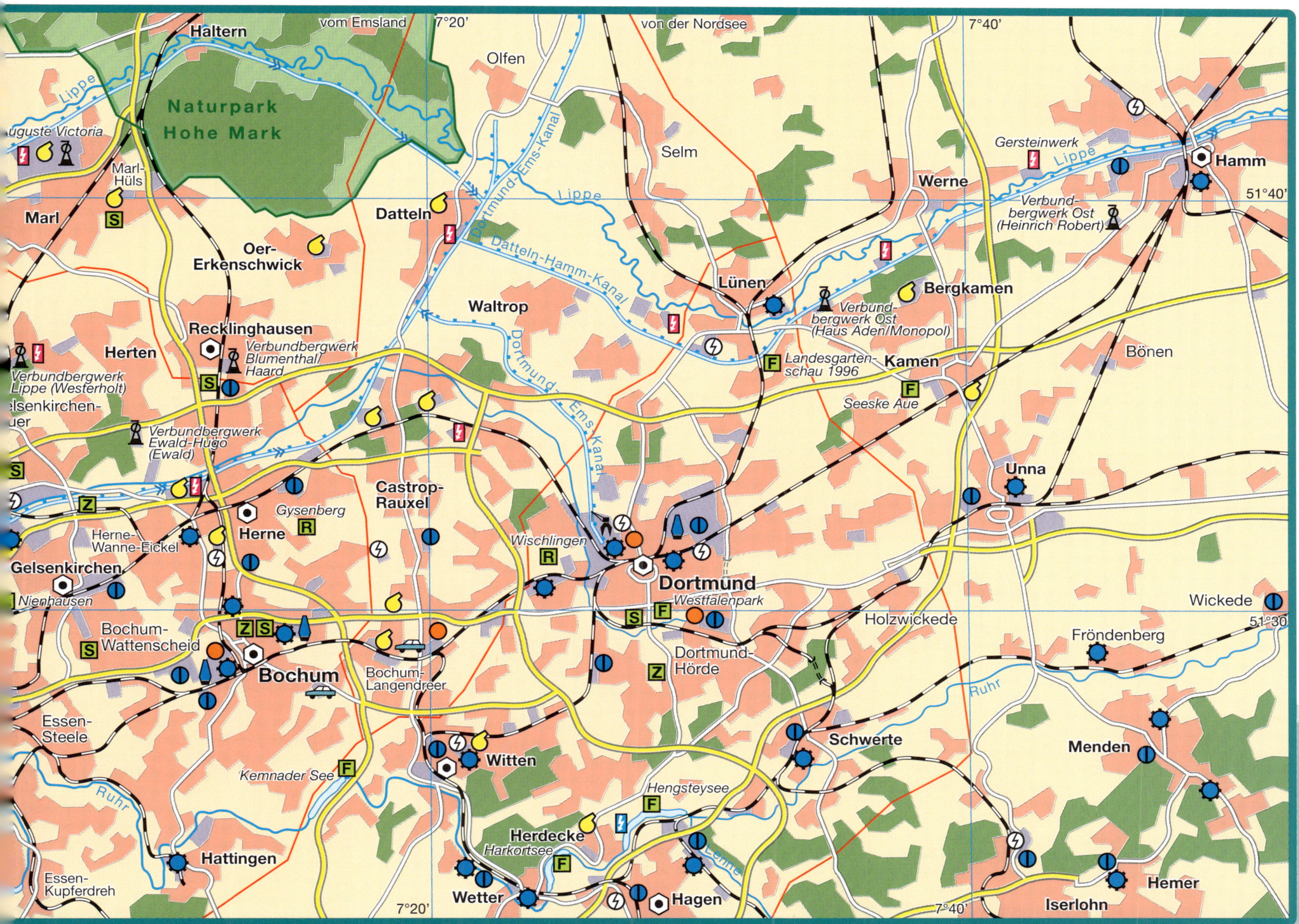

Dienstleistungen
(Das bedeutet Arbeitsplätze in der Verwaltung, im Handel, in der Bank und der Sparkasse, bei der Post, in den Gaststätten und Hotels, als Lokführer und Busfahrerin, Handwerker, Lehrer in den Schulen, Ärztin in den Krankenhäusern und in der Gemeindepraxis.)

⬢ Großstadt
(Sie bietet besonders viele Dienstleistungs-Arbeitsplätze.)

Sport und Erholung
- S Stadion (Fußball, Leichtathletik)
- R Revierpark
- F Freizeit- und Erholungspark
- Z Zoo, Tierpark

Verkehr
- Autobahn
- Fernstraße
- Eisenbahn
- schiffbarer Fluss
- schiffbarer Kanal mit Schleuse
- Hafen

Bodennutzung
- Stadt und Dorf
- Industrie
- Wald
- unbebaute Fläche (Ackerland, Wiese, Weide)
- Naturpark

Maßstab 1 : 250 000

ZWISCHEN ELBE UND ODER – Parklandschaften

Zum Rokoko-Schloss Sanssouci in Potsdam gehört ein kunstvoll angelegter Garten. Sanssouci ist Weltkulturerbe.

Berühmte fürstliche Gärten in Deutschland

Ein genialer Gartenarchitekt

Um ihre prachtvollen Schlösser ließen Adelige zu allen Zeiten herrliche Gärten und Parks anlegen. Einer von ihnen war Fürst Hermann von Pückler-Muskau. Er war selbst ein genialer Gartenarchitekt und gestaltete vor 185 Jahren in Bad Muskau einen riesigen Landschaftspark. Fürst Pückler war ständig in Geldnot, denn Pflanzen und Gärtner mussten bezahlt werden. Neuen Geldsegen erhoffte er sich durch die Heirat einer reichen Frau. Um aufzufallen, spannte er Hirsche vor eine Kutsche und fuhr mehrfach auf Brautschau durch Berlin. Schließlich war er erfolgreich, aber auch das Geld seiner Frau war bald aufgebraucht und so musste er Schloss und Park verkaufen. Ohne Park aber wollte der Gartenfreund Fürst Pückler nicht leben. So legte er in Branitz (Cottbus) einen kleineren, wunderschönen Park an.

Der riesige, naturnah gestaltete Landschaftspark von Bad Muskau

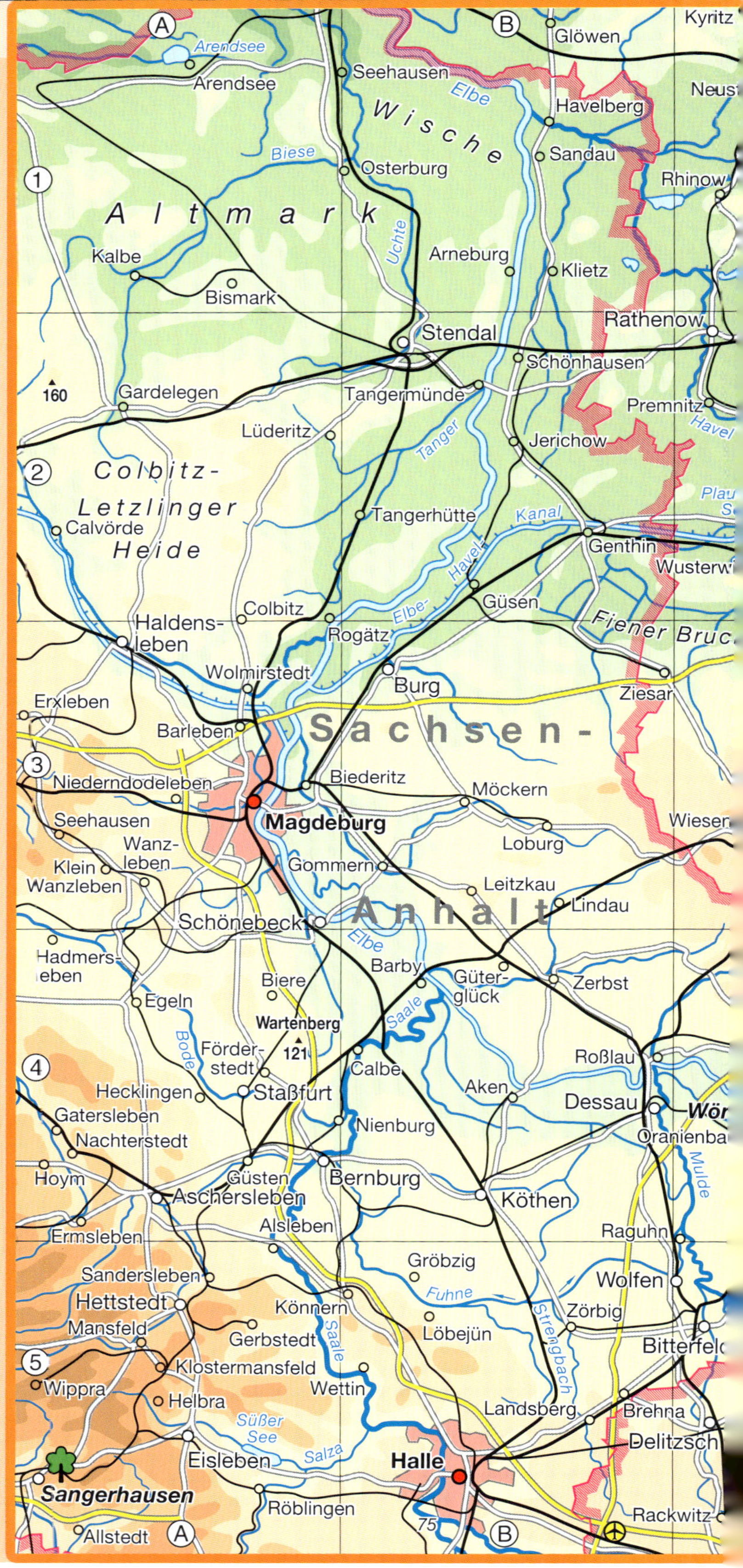

ZWISCHEN ELBE UND ODER – Parklandschaften

Mit dem Kahn zur Arbeit

Kannst du dir eine Landschaft in Deutschland vorstellen, die nur mit einem Kahn zu erreichen ist? Das ist der Spreewald. Die Spree und ihr Nebenfluss, die Malxe, verzweigen sich vielfach und bilden eine breite Auenlandschaft mit Erlenbruchwald. Dort wird Gemüse angebaut. Im Spreewald gibt es tatsächlich keine Straßen, nur mit Kähnen können die Bauern ihr Gemüse zum Verkauf transportieren. Spreewälder Gurken und Spreewälder Sauerkraut sind echte Delikatessen. Von Mai bis September kommen viele Ausflügler nach Lübbenau. Dort starten die meisten Kahnfahrten in den Spreewald.

← Ausflugskähne befahren die Fließe, so heißen die Kanäle im Spreewald.

🌳 berühmter Park

Maßstab 1 : 750 000

DIE MITTELGEBIRGE

In einem Mittelgebirge sind die Berge zwischen 200 m und 1 500 m hoch. Darüber beginnt das Hochgebirge. In der Karte sind zehn Berge über 1 000 m Höhe zu entdecken. Die höchsten bleiben knapp unter 1 500 m.

↗ ① Der Feldberg im Schwarzwald ist die höchste Erhebung in den Mittelgebirgen.

▶ Runde Berge, sanfte Täler

Zwei Bergländer sind höher als alle anderen, der Schwarzwald und der Bayerische Wald. Sie sind die kümmerlichen Reste eines riesigen uralten Gebirges, das einmal die Erde umspannte. Sie bestehen aus hartem Gestein, das nach und nach durch Hitze und Kälte, durch Wasser und Eis abgetragen wurde. Daher sind die Formen der Berge und Täler weich und rund.

↗ ② Schwäbisch-Fränkisches Stufenland

▶ Meeres-Fossilien im Gebirge

Die Erdkruste ist nicht starr. Land sank ab und wurde vom Meer überflutet. Es lagerten sich Kalk, Sand und Ton ab. In Küstennähe wuchsen Korallen. Die Gesteine des Rheinischen Schiefergebirges oder der Schwäbischen und Fränkischen Alb sind voller Meeres-Fossilien. Das sind die versteinerten Reste von Pflanzen und Tieren.

↗ Gehäuse von Ammoniten findet man in großer Zahl in den Meeresablagerungen der Schwäbischen Alb.

DIE MITTELGEBIRGE 41

🔼 ③
»Barbarine« – Felsnadel am Pfaffenstein im Elbsandsteingebirge

▶ Klippen, Höhlen und Vulkane

Als sich schließlich der Mittelgebirgsraum hob und zu Land wurde, entstanden die heutigen Landschaftsformen, beispielsweise Kalklandschaften mit Klippen, Höhlen und unterirdischen Flüssen. Wo sich die Erdkruste so kräftig bewegt, kann es zu Vulkanausbrüchen kommen. Der größte Vulkan Deutschlands ist der Vogelsberg. Er ist aber schon vor Jahrmillionen erloschen.

◀ ④
Im Norden der Fränkischen Alb besteht das Gebirge aus hartem Dolomitgestein. Dadurch entstanden phantastische Klippen.

🔼 ⑤
Der Vogelsberg, größter Vulkan Deutschlands, hat auf einer Hochebene mehrere Kuppen. Die höchste zeigt das Foto, den Taufstein, 773 m.

Maßstab
1 : 3 000 000

42 DER HARZ – Ein Hexentanzplatz?

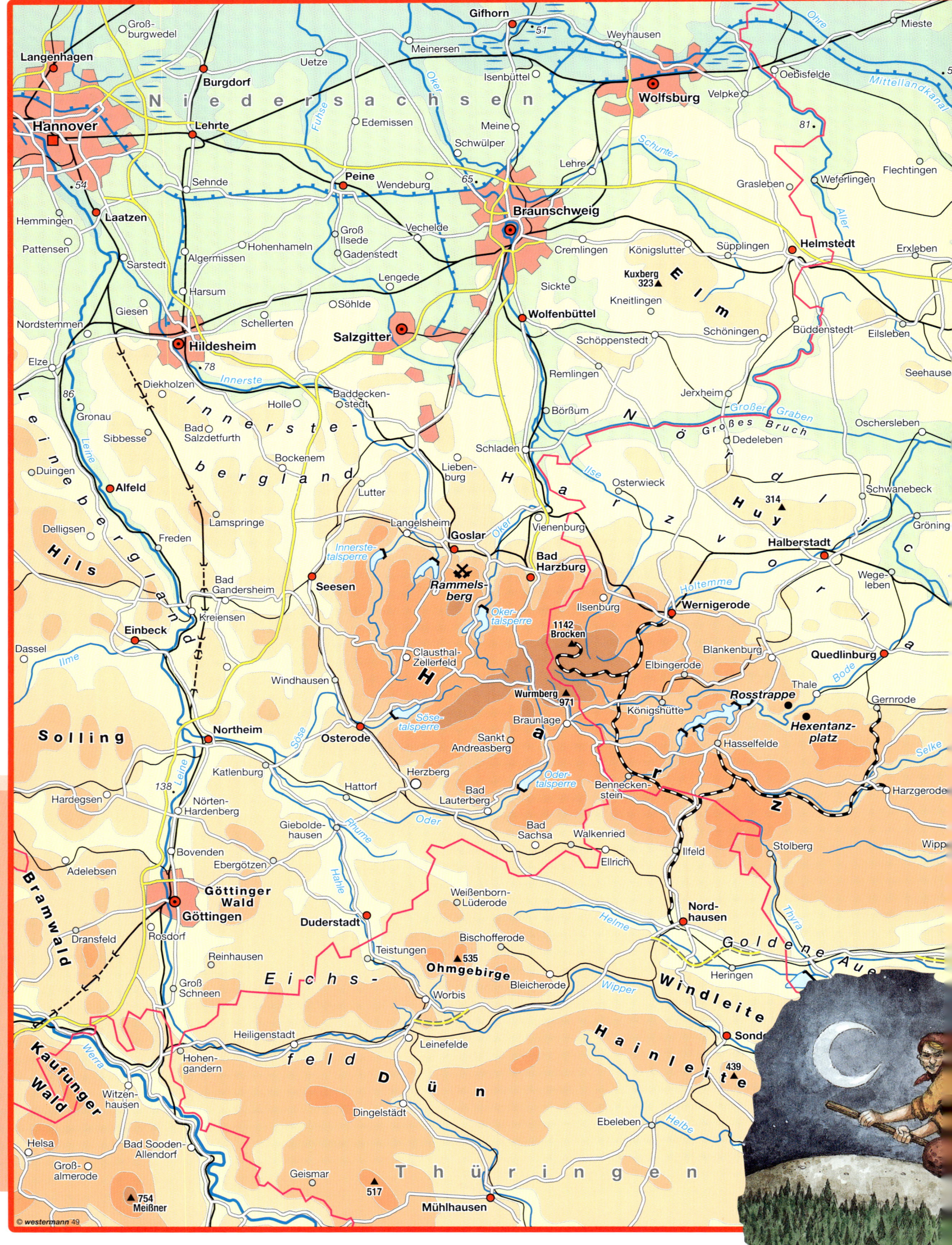

DER HARZ – Ein Hexentanzplatz? 43

▶ Mit der Dampfeisenbahn auf den Brocken
In Wernigerode startet die Brockenbahn. Schwarze und weiße Wolken stößt die Dampflok zischend und fauchend aus, wenn der Zug die 891 m Höhenunterschied bis auf den Brocken überwindet. Der Zug gehört zur Harzer Schmalspurbahn. Diese Bahngesellschaft besitzt 27 Dampflokomotiven, die älteste ist schon über 100 Jahre alt.

Eine Stunde und 43 Minuten benötigt der Zug für die 34 km lange Strecke von Wernigerode auf den Brocken.

Auf dem Gipfel des Brocken steht der älteste Fernsehturm der Welt. Er wurde 1937 gebaut.

▶ Orkane auf dem Gipfel
Wer die phantastische Fernsicht vom Gipfel des Brocken genießen möchte, braucht etwas Glück. 300 Tage im Jahr ist der Berg von Wolken eingehüllt. Es ist deutlich kälter als im Tiefland und es regnet besonders viel – rekordverdächtig. In Deutschland fällt nur auf der Zugspitze etwas mehr Niederschlag. Der Regen wird in den Talsperren gesammelt, die Trinkwasser bis nach Hannover und Bremen liefern. Auf dem Brocken toben manchmal Orkane. Die Wetterstation auf dem Gipfel hat die höchste Windgeschwindigkeit in Deutschland gemessen.

Der Rammelsberg ist das berühmteste Bergwerk der Welt. 1 000 Jahre wurde hier Erz gefördert. Heute ist es als Weltkulturerbe geschützt.

▶ Ein Brocken aus Granit
In der Jura- und Kreidezeit, vor über 100 Millionen Jahren, drückten gewaltige Erdkräfte ein altes Gebirge empor. Ein Ur-Ozean hatte 2 000 m dicke Gesteinsschichten auf dem Meeresboden abgelagert. Durch diese hindurch und noch 1 000 m höher, also 3 000 m, stieg das Gebirge auf. Das ist heute der Harz. In seinem Zentrum steckt ein riesiges Gesteinspaket aus Granit. Das ist der Brocken, 1 142 m hoch.

Johann Wolfgang von Goethe

▶ Hexentanz in der Walpurgisnacht
Hast du schon vom Blocksberg gehört, dort, wo Hexen und Teufel sich treffen? Blocksberg ist ein alter Name für den Brocken. In der Walpurgisnacht, das ist die Nacht vom 30. April auf den 1. Mai, soll der Oberteufel angeblich alle Hexen zu einem tollen Fest versammeln. In vielen Orten im Harz wird in dieser Nacht ein ausgelassenes Kostümfest gefeiert. Richtig bekannt gemacht hat den Zauber der Dichter Johann Wolfgang von Goethe (1749–1832) aus Frankfurt am Main. In seinem berühmten Schauspiel »Faust« verkauft der Wissenschaftler Dr. Faust dem Teufel seine Seele. Dieser nimmt ihn in der Walpurgisnacht mit auf den Brocken. Wie es dort zugeht, beschreibt der Dichter so:

> TEUFEL:
> »Das drängt und stößt, das ruscht und klappert!
> Das zischt und quirlt, das zieht und plappert!
> Das leuchtet, sprüht und stinkt und brennt!
> Ein wahres Hexenelement!
> (...)
> Lass uns aus dem Gedräng entweichen;
> Es ist zu toll, sogar für meinesgleichen.«

Für Kinder ist der Hexentanzplatz ein schöner Ort. Dort gibt es das älteste Freilichttheater in Deutschland, einen Zoo, einen Spielplatz und natürlich trifft man dort den Teufel und die Hexe – aber nur als Denkmal.

Maßstab 1 : 500 000
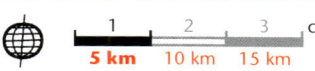

44 DER RHEIN – Vulkane und Burgen

Vulkane in Deutschland?

Die Fahrgäste haben in Köln das große weiße Schiff bestiegen und freuen sich auf die Rheinfahrt. Das Schiff gleitet an Bonn vorbei und plötzlich werden auf der linken Seite Berge sichtbar. Das ist das Siebengebirge, das älteste Naturschutzgebiet Deutschlands. Manche Berge tragen Burgen wie der Drachenfels. Vom höchsten Berg aus, dem Ölberg, zählt man allerdings nicht sieben, sondern 30 Berge und alle sind Vulkane!

Nur 30 km weiter südwestlich, in der Eifel, ragen zahlreiche weitere Vulkane auf. Einige ▲ sind in der Karte eingetragen. Vor über 30 Millionen Jahren zerbrachen die alten Gebirge. Manche Schollen stiegen auf und an den Bruchstellen drang glutflüssiges Gestein an die Oberfläche – Vulkane entstanden. Nach einer Ruhephase schleuderten sie erneut Asche, Bims und Basalt aus den Kratern und gewaltige Gasexplosionen sprengten Trichter: die ○ Maare.

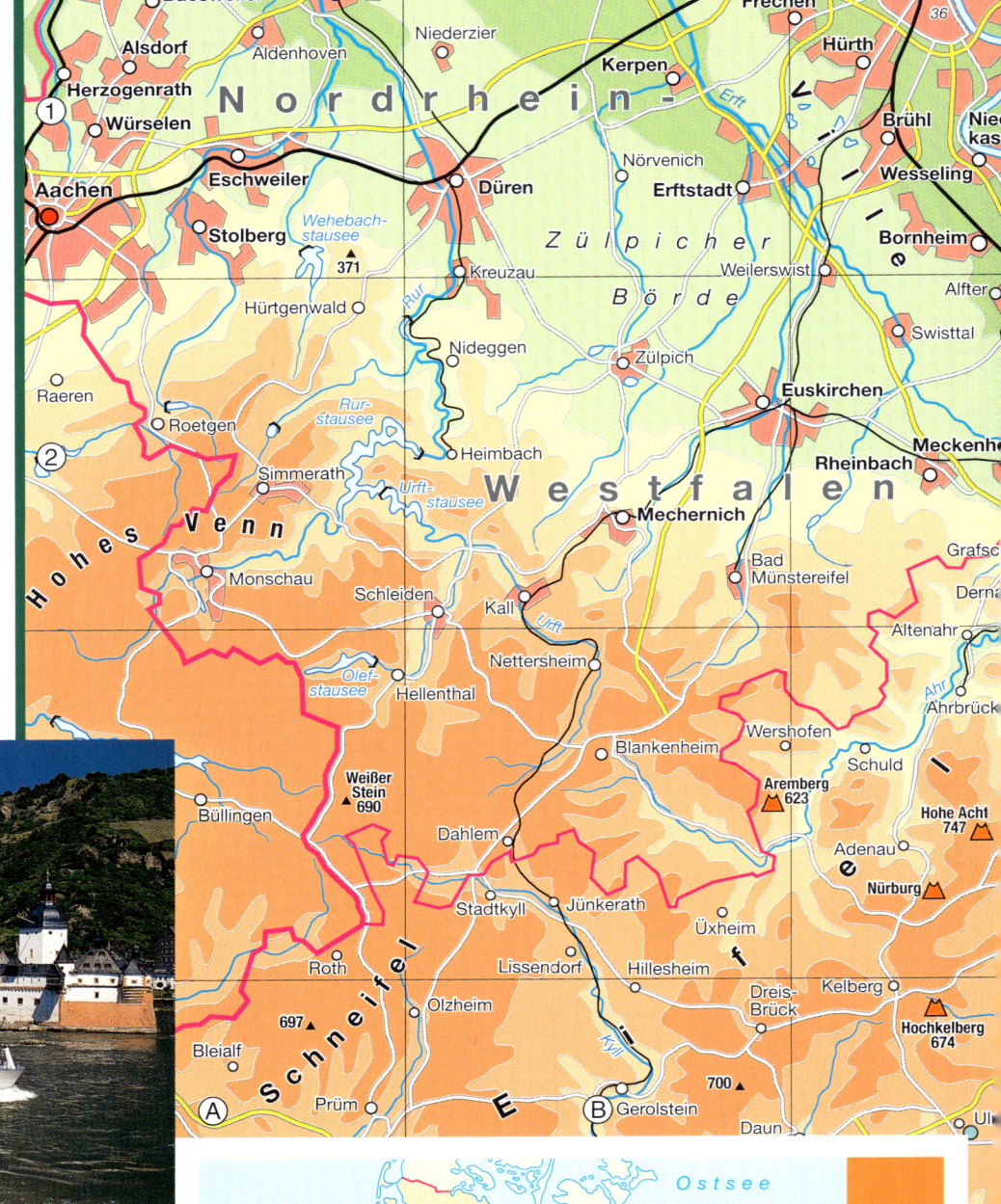

Auf seiner Fahrt durch das Rheintal erreicht das Ausflugsschiff auch Bingen. Dort liegt mitten im Fluss eine mittelalterliche Zollburg.

Burgen, Burgen und nochmals Burgen

Jetzt beginnt ein spannender Teil der Flussfahrt. Bei Koblenz, am Deutschen Eck, mündet die Mosel in den Rhein. Dann wird das Rheintal eng und steil aufragende Felsen tragen Burgen. 20 haben die Fahrgäste bis Bingen gezählt. Wein wächst an den Hängen. Kurz hinter Sankt Goar meldet sich der Kapitän: »Links sehen Sie die Loreley.« Um diese Felsnase, die in den Rhein ragt und das Tal auf 200 m verengt, ranken sich Legenden, so die des zauberhaft schönen Mädchens, das die Männer anzieht und sie ins Verderben stürzt. Tatsächlich fürchten Kapitäne hier Unterwasserfelsen und manch ein Schiff ist schon gesunken.

Nach 62 km weitet sich das Tal bei Bingen zu einer Ebene. Wie aber kann ein Fluss ein ganzes Gebirge durchschneiden? Der Rhein ist älter als das Gebirge. So, wie dieses sich gehoben hat, konnte der Rhein sein Bett eintiefen.

Maßstab 1 : 500 000

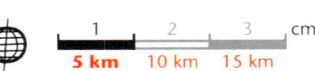

DER RHEIN – Vulkane und Burgen

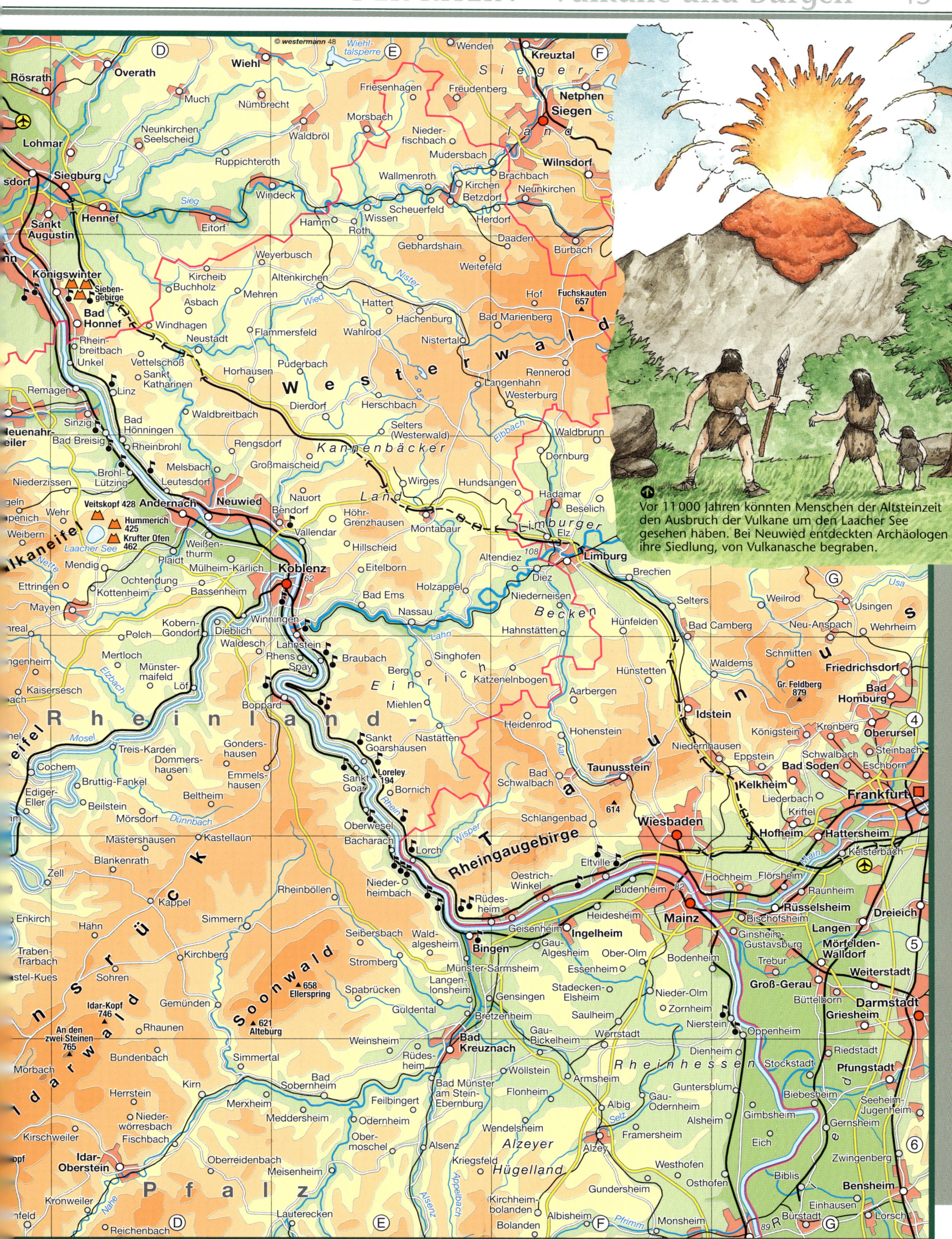

Vor 11 000 Jahren könnten Menschen der Altsteinzeit den Ausbruch der Vulkane um den Laacher See gesehen haben. Bei Neuwied entdeckten Archäologen ihre Siedlung, von Vulkanasche begraben.

46 RHEIN-MAIN – Der deutsche Verkehrsknoten

▶ Mainhattan

Das ist der Spitzname von Frankfurt am Main, denn nur diese Stadt in Deutschland hat eine amerikanische Skyline, ein Hochhausviertel wie Manhattan in New York. Von diesen Hochhäusern ist der Messeturm das höchste Gebäude Deutschlands. In den gläsernen Türmen haben Banken ihre Büros, auch die Europäische Zentralbank, die unsere neue Währung, den Euro, betreut. Zusammen mit der Frankfurter Börse bilden sie das deutsche Finanzzentrum. Fünf Großstädte und 45 weitere Gemeinden sind zum Ballungsraum Rhein-Main zusammengewachsen. Er ist mit 3,5 Millionen Einwohnern so bevölkerungsreich wie Berlin. Frankfurt am Main liegt in der Mitte zwischen Norddeutschland und Süddeutschland. Hier bündeln sich die Verkehrswege aus allen Richtungen. Die Autobahnen um Frankfurt haben mit die stärkste Verkehrsbelastung in Deutschland und in den Hauptbahnhof Frankfurt/Main fahren täglich 1 100 Züge ein und aus. Es ist der verkehrsreichste Bahnhof Europas.

Die Hochhäuser Frankfurts bilden eine in Deutschland einmalige Skyline.

Straßenbelastung normal stark belastet sehr stark belastet

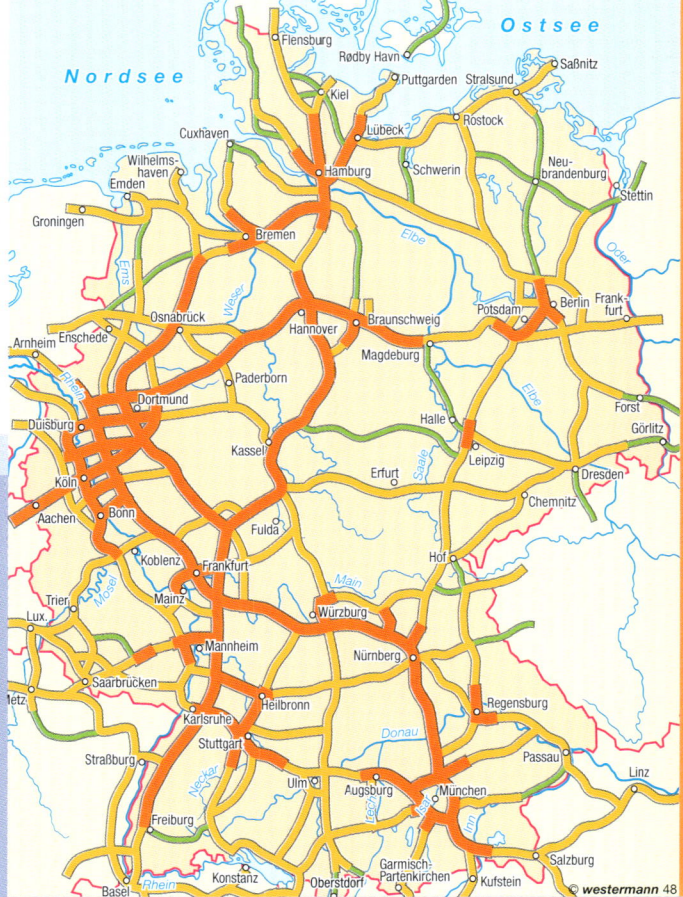

Belastung der Autobahnen in Deutschland

▶ Das Tor zur Welt

Wie eine Spinne im Netz liegt auch der Flughafen Rhein-Main im Netz der Verkehrswege. Die Fluggäste reisen mit der Eisenbahn oder über die Autobahn an oder sie benutzen Flugzeuge von kleineren Flughäfen. Jede Woche starten 3 250 Flugzeuge und verbinden Frankfurt am Main mit 230 Städten auf der gesamten Erde. An einem normalen Wochentag fliegen rund 84 000 Fluggäste ab, aber in der Ferienzeit steigt ihre Zahl auf 138 000. Alle diese Fluggäste müssen versorgt werden. Außerdem wird jede Menge Waren als Luftfracht transportiert. Dies ist ebenso zu bewältigen wie die Flugüberwachung und die Wartung der Flugzeuge. Daher beschäftigt der Flughafen 50 000 Menschen und ist damit der größte Arbeitgeber in der Stadt. Frankfurt am Main ist eine wichtige Drehscheibe im Luftverkehr der Erde und der bedeutendste Flughafen auf dem europäischen Festland.

Auf dem Frankfurter Flughafen starten täglich etwa 500 Flugzeuge in die ganze Welt.

RHEIN-MAIN – Der deutsche Verkehrsknoten

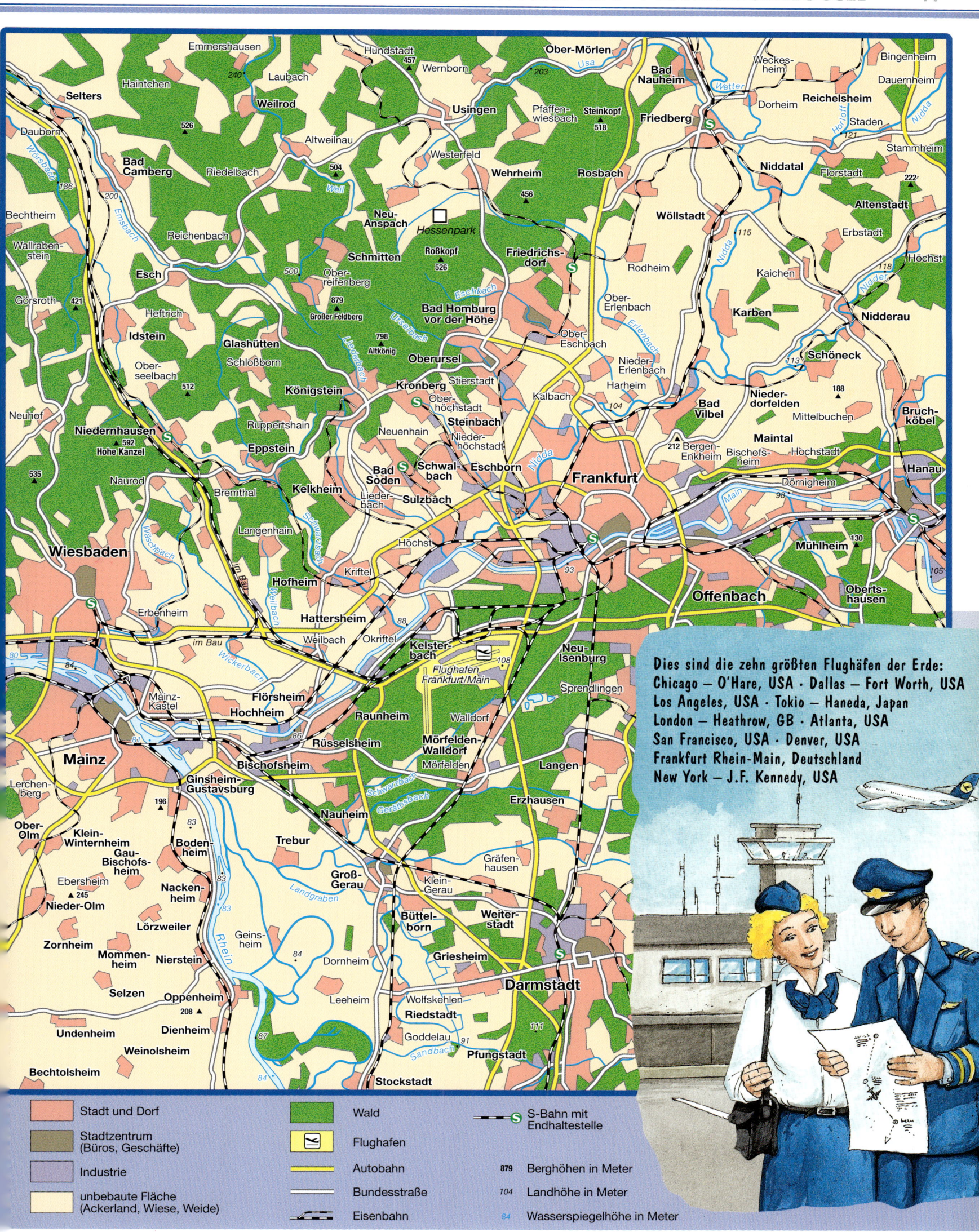

DAS FRANKENLAND – Eine Kunstreise

← Die romantische Stadt Rothenburg ob der Tauber

▬▬▬ Romantische Straße
Harburg ● sehenswerter Ort entlang der Romantischen Straße
♩● Barock-Bauwerk

◗ Zurück ins Mittelalter

Wer sich in die Zeit des Mittelalters zurückversetzt fühlen möchte, sollte Städte wie Nördlingen, Dinkelsbühl und Rothenburg ob der Tauber mit ihren Stadtmauern, Toren und Türmen, den engen Gassen und den alten spitzgiebeligen Fachwerkhäusern besuchen. Sie alle liegen an der Romantischen Straße im Frankenland. Besucher aus vielen Ländern kommen, um diese romantischen Städte mit ihren Kunstschätzen zu bestaunen. Manchmal weisen Schilder entlang der Romantischen Straße auf Kirchen und Kapellen. Auf ihnen steht: »Tilman Riemenschneider«. Er war ein besonders begabter Bildhauer und Holzschnitzer, der in Würzburg so geachtet war, dass ihn 1520 die Ratsherren zum Bürgermeister wählten.

↑ Die Residenz-Kapelle erstrahlt in voller Pracht.

◗ Schnörkel, Pracht und viel, viel Gold

Um das Jahr 1700 begannen sich Bischöfe und Fürsten für einen neuen Baustil zu begeistern. Kirchen und Paläste sollten jetzt besonders festlich wirken. Das Oval wurde zur beliebtesten Form, und daraus abgeleitet sollten die Handwerker alles geschwungen, gewölbt und geschweift ausführen. Die Innenräume wurden mit Ornamenten, goldenen Verzierungen und prächtigen Deckengemälden ausgeschmückt. Der Baustil, nach dem dieser Zeitabschnitt benannt wurde, heißt Barock. In der Stadt Würzburg kann man eine Vielzahl solcher Bauwerke bewundern. Das prachtvollste Barockschloss aber ist die Residenz. Entworfen hat sie Balthasar Neumann, der bekannteste Barockarchitekt aus Würzburg, der von 1687–1753 lebte.

↑ Die Residenz Würzburg und der barock-verspielte Hofgarten

Zu einem solchen Schloss gehörte auch ein barocker Park mit ebenso geschwungenen Blumenbeeten und Hecken, verziert mit zahlreichen Figuren. Berühmt ist der Hofgarten der Sommerresidenz in Veitshöchheim.
Die Residenz in Würzburg ist zum Weltkulturerbe erklärt worden. Nur Kunstwerke von besonderer Bedeutung erhalten diese Auszeichnung.
Übrigens ist in Würzburg auch der Arena Verlag zu Hause, der diesen Atlas herausgegeben hat.

Maßstab 1 : 750 000

7,5 km 15 km 22,5 km

DAS FRANKENLAND – Eine Kunstreise 49

DIE SCHWÄBISCHE ALB – Von Sauriern und Höhlen

● Deutschland unter Wasser

Vor etwa 150 Millionen Jahren, im Jura-Zeitalter, bedeckte ein Binnenmeer mit Inseln und einer buchtenreichen Küste Deutschland. Kalk, Sand und Schlamm setzten sich am Meeresboden ab und wurden zu Stein. Mit den Mittelgebirgen hob sich auch der steinerne Meeresboden, Schwäbische Alb und Fränkische Alb waren entstanden. Kalkgestein kann sich auflösen. Dadurch werden Höhlen ausgewaschen, die so groß sein können, dass ganze Flüsse darin verschwinden und unterirdisch weiterfließen.

Die Donau hat zwei Quellflüsse. »Brigach und Breg bringen die Donau zuweg«, sagt man. Sie vereinen sich bei Donaueschingen zur Donau. Bis Immendingen fließt die Donau ohne Besonderheiten, dann aber verschwindet ein Teil des Flusswassers, bei Niedrigwasser sogar der ganze Fluss. Wissenschaftler haben durch Färben des Flusswassers herausgefunden, dass es in der Aachquelle wieder an die Oberfläche kommt.

● Schreckens-Echsen in Deutschland

In Trossingen fand ein Schüler einen Saurierknochen und nahm ihn mit in die Schule. Als Wissenschaftler an der besagten Stelle acht Meter tief gruben, fanden sie die Skelette einer Herde von 40 Dinosauriern. Sie gehörten zum Typ Plateosaurus aus der Trias-Zeit, rund 220 Millionen Jahre alt. Plateosaurus ist der berühmteste deutsche Dino, denn bisher gibt es über 30 Fundstellen. Ein Original des »Deutschen Drachen« stellt das Naturkundemuseum in Stuttgart aus. Aber erst die Jura-Zeit war die Glanzzeit der Saurier. Eine Sensation sind die versteinerten Meeressaurier, die im Schiefergestein von Holzmaden gefunden wurden. Die drei Meter lange Paddelechse Plesiosaurus und der Fischsaurier Ichthyosaurus, der den Delfinen ähnelt, sind im Hauff-Museum von Holzmaden ausgestellt. Im Jura-Museum in Eichstätt sind die Flugsaurier Rhamphorhynchus und Pterodactylus zu sehen. Sie stammen aus dem Plattenkalk von Solnhofen. Der Star aber ist der Urvogel Archäopteryx. Er beweist, dass unsere Vögel von den Sauriern abstammen.

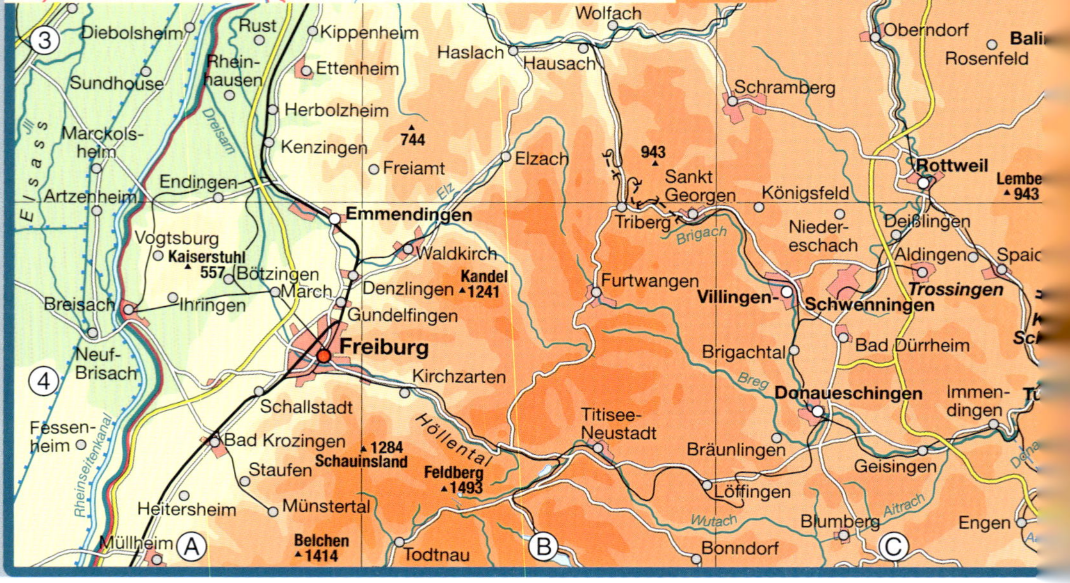

Plesiosaurus

Ichthyosaurus

DIE SCHWÄBISCHE ALB – Von Sauriern und Höhlen

◗ Geheimnisvolle Höhlen

Die Schwäbische Alb ist durchlöchert wie ein Schweizer Käse. Von den über 2 200 Höhlen sind einige in der großen Karte eingetragen. In einigen ∩ Höhlen entdeckten Höhlenforscher die Skelette von bis zu 100 Bären. Am aufregendsten aber sind die Höhlen im Lonetal. Dort lebten in der Altsteinzeit vor 33 000 Jahren Menschen.

In der Vogelherdhöhle hinterließen Steinzeitmenschen kunstvolle Tierfiguren aus Mammutzähnen.

◗ Mond-Training in Deutschland

Vor 14 Millionen Jahren stürzten ein großer und ein kleiner Meteorit auf die Erde. Sie schlugen zwei Krater, das riesige Ries und das kleinere Steinheimer Becken. Beim Aufprall entstand schlagartig eine Hitze von 32 000 °C, sodass das Gestein schmolz und sich in Gaswolken auflöste. Amerikanische Astronauten trainierten in diesen Kratern vor ihrem ersten Mondflug, denn der Mond ist voll solcher Krater.

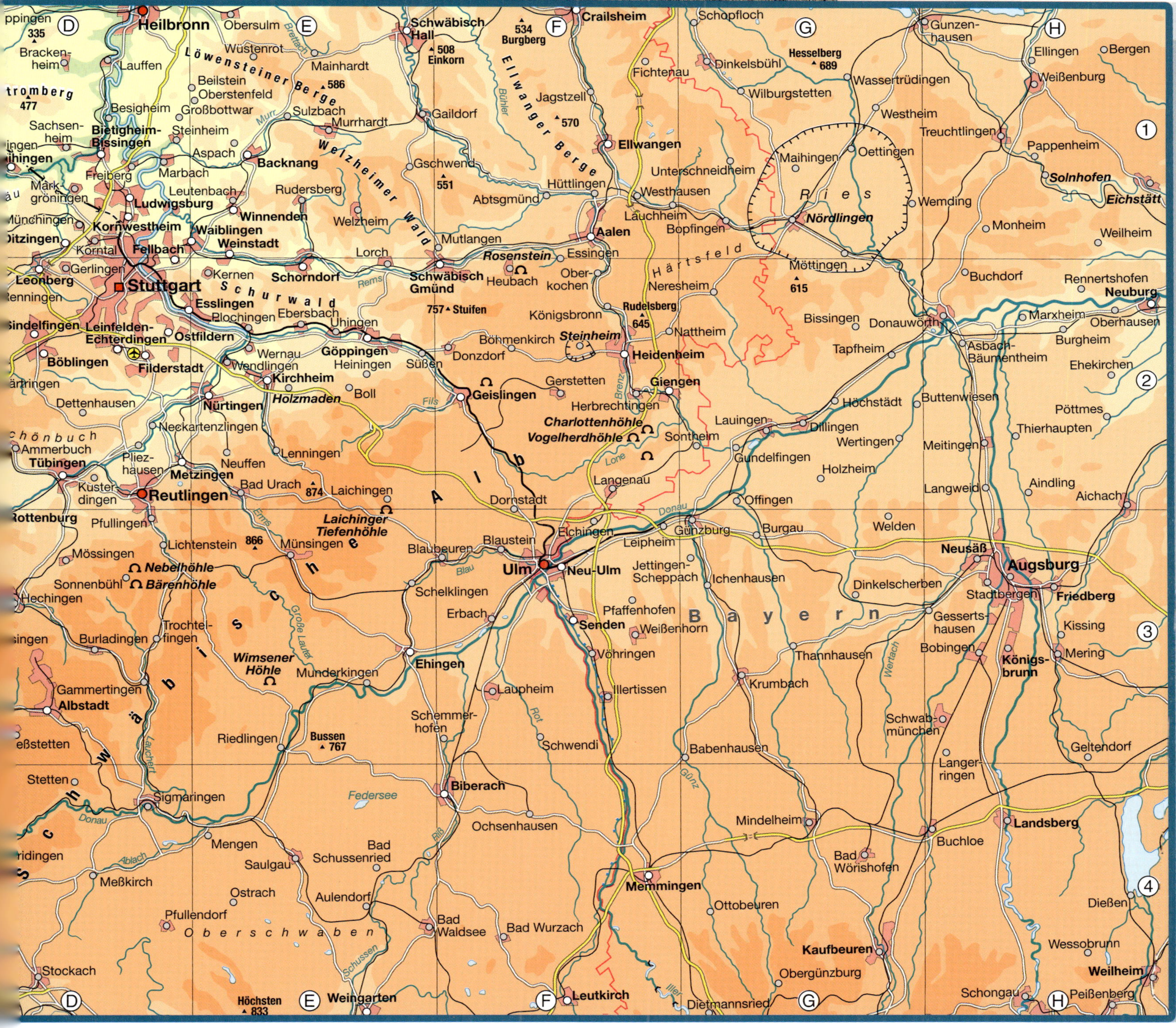

Maßstab 1 : 750 000

52 STUTTGART – Rund um das Auto

▶ Ideenreiche Erfinder und mutige Unternehmer

Das erste Auto sah noch wie eine Pferdekutsche mit Motor aus. Aber welche genialen Erfinder haben dieses Fahrzeug konstruiert! Nikolaus August Otto und Eugen Langen gründeten 1864 eine »Gasmotorenfabrik« in Deutz, einem Vorort von Köln. 1876 erfanden sie den Viertaktgasmotor, der heute Ottomotor heißt. In dieser Fabrik war Gottlieb Daimler technischer Direktor. Er hatte ganz neue Ideen und gründete daher 1882 zusammen mit Wilhelm Maybach eine Versuchswerkstätte in Cannstatt bei Stuttgart. Drei Jahre später baute Gottlieb Daimler seinen patentierten Motor in ein hölzernes Zweirad ein und hatte damit das Motorrad erfunden.

Gottlieb Daimler

▶ Eine Testfahrt

Im September 1886 nahm Gottlieb Daimler einen Fahrgast in seinem neuen vierrädrigen Motorwagen mit. Dieser berichtete: »Auf unserer Testfahrt von Cannstatt nach Esslingen erreichten wir die Höchstgeschwindigkeit von 18 km/h, ein Wahnsinnstempo. Ob der Daimler-Motorwagen eine Zukunft hat, gilt's abzuwarten. Auf jeden Fall spart man bei dieser Art der Fortbewegung das Futter für die Pferde. Doch man braucht Benzin, und das gibt es nur beim Apotheker. Den Liter zu 1 Mark 60.«

➡ Das erste Auto von Daimler 1886 sah noch aus wie eine Pferdekutsche.

▶ Ein Weltunternehmen entsteht

1885 entwickelte Carl Benz in Mannheim auch einen Motorwagen. Carl Benz gilt als Erfinder des Autos. 1890 gründete Gottlieb Daimler in Cannstatt die Daimler-Motorengesellschaft, die älteste Autofabrik der Welt. Sein früherer Partner Wilhelm Maybach wurde zum technischen Direktor ernannt. Später gründete dieser zusammen mit Graf Zeppelin in Friedrichshafen eine Luftschiffmotorenfabrik und baute bis 1939 auch Luxusautos. Daimler und Benz arbeiteten bis 1926 getrennt, schlossen sich dann aber zusammen und wurden als Daimler-Benz ein Weltunternehmen. Auch der Name von Wilhelm Maybach ist nicht in Vergessenheit geraten, ein neues Luxusauto ist nach ihm benannt.

Carl Benz

Automobilbau und Motorsport in Deutschland

⬤ Hauptsitz eines Automobilkonzerns 🏁 Motorsport Rennstrecke

⬆ Sportwagenbau bei Porsche in Zuffenhausen

STUTTGART – Rund um das Auto 53

○ Zulieferer und Konstrukteure

Spezialisten der Zulieferindustrie für die Autowerke liefern Scheiben, Spiegel, Reifen, Batterien, Elektronikbauteile und Bremssysteme termingerecht. Alle Teile müssen der neuesten Technik entsprechen. Eines dieser Unternehmen gründete Robert Bosch in Stuttgart. Als er 1886 seine »Werkstätten für Feinmechanik und Elektroindustrie« eröffnete, war er 25 Jahre alt. Er setzte sich sehr für seine Arbeiter ein: 1906, als überall noch zehn bis zwölf Stunden am Tag gearbeitet werden musste, führte er schon den Achtstunden-Arbeitstag ein.

Ferdinand Porsche arbeitete seit 1923 bei der Daimler-Motorengesellschaft in Stuttgart-Untertürkheim. Acht Jahre später eröffnete er ein eigenes Konstruktionsbüro und entwarf das meistverkaufte Auto der Welt, den Volkswagen »Käfer«. 1950 gründete er zusammen mit seinem Sohn eine Sportwagenfabrik.

Robert Bosch

Ferdinand Porsche

Ein Auto-Union-Rennwagen von 1936: Porsche Typ 22

○ Im Rausch der Geschwindigkeit

Autorennen gibt es fast so lange, wie Autos hergestellt werden. Es fasziniert die Sportfans, wer das schnellste und zuverlässigste Auto baut, und diese Firmen haben ein hohes Ansehen. Ferdinand Porsche entwickelte einen Rennwagen für die Auto Union (heute Audi) mit einem 16-Zylinder-Motor, der 382 kW (520 PS) leistete. Dieser Wagen lieferte sich auf dem Nürburgring und der AVUS in Berlin heiße Rennen mit den Mercedes-Wagen. Auch heute gehören die McLaren-Mercedes-Boliden zu den Spitzenfahrzeugen auf den Rennstrecken der Welt.

Ein McLaren-Mercedes aus der Rennsaison 2001

Kraftfahrzeugindustrie
- ◯ Kraftfahrzeugbau
- ◐ Kfz-Teile
- ⊙ Kfz-Zubehör

sonstige Industrie
- ◐ Eisen-, Blech- und Metallwaren
- ✱ Maschinenbau
- ⚡ Elektrotechnik, Elektronik
- △ Feinmechanik, Optik
- ◌ Chemie, Kunststoffe
- ● Papierverarbeitung, Druckgewerbe, Verlage
- ○ Nahrungs- und Genussmittel

Maßstab 1 : 75 000

750m 1,5 km 2,25 km

THÜRINGER WALD UND ERZGEBIRGE – Im Spielzeugland

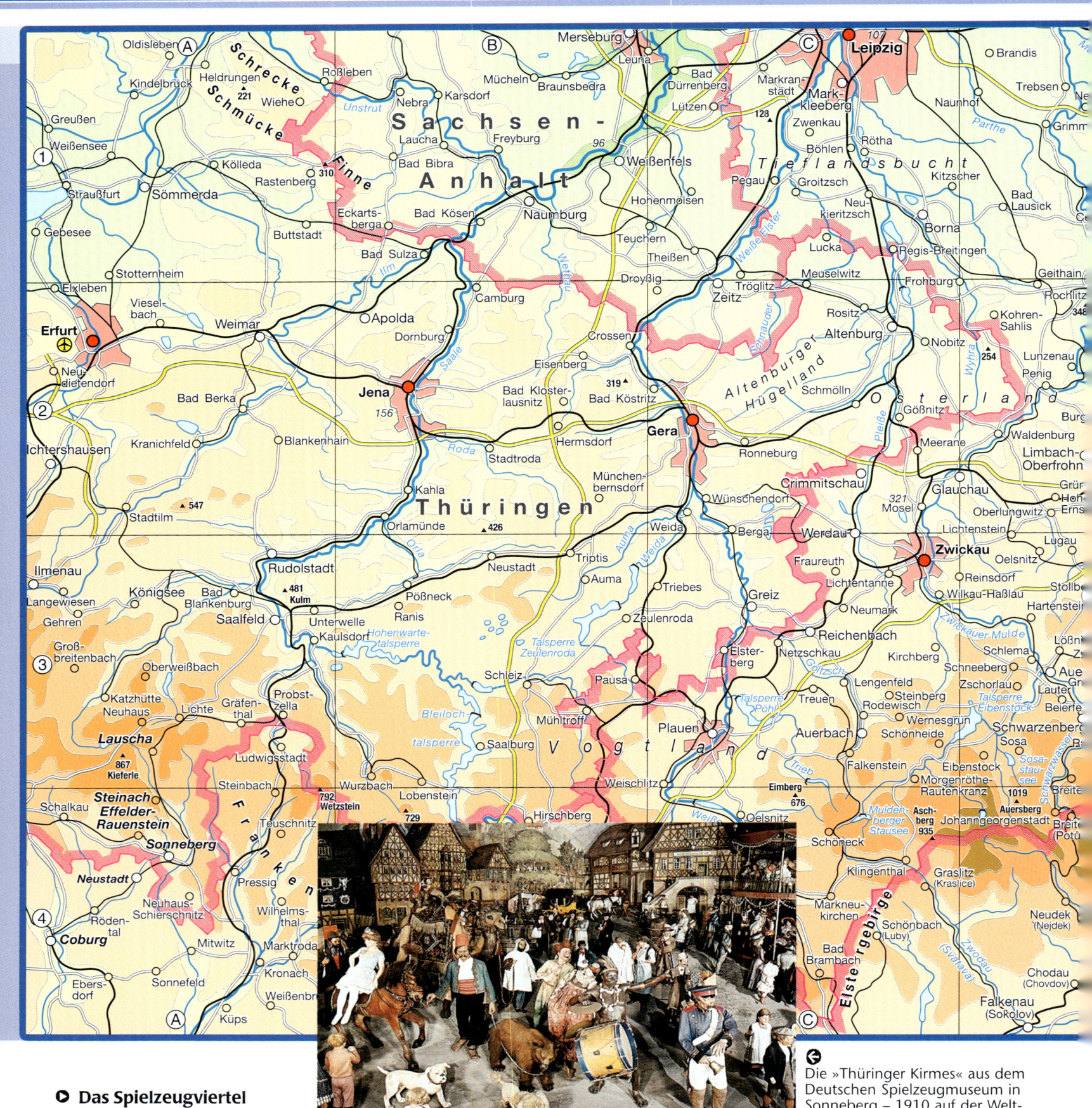

Die »Thüringer Kirmes« aus dem Deutschen Spielzeugmuseum in Sonneberg – 1910 auf der Weltausstellung in Brüssel preisgekrönt.

Das Spielzeugviertel

In den Tälern der Mittelgebirge hatten es die Menschen schon immer schwer, Arbeit zu finden. Daher mussten sie erfinderisch sein. Weil sie arm waren und keine großen Maschinen kaufen konnten, arbeiteten sie in ihren Häusern und kleinen Werkstätten. Man nennt dies Heimarbeit.

So entstand dann auch die Spielzeugindustrie, deren Betriebe Holzspielzeug für die Kleinen herstellen sowie Puppen und mechanisches Spielzeug für die älteren Kinder. Die Menschen waren stolz auf ihre Leistung und richteten Museen ein, in denen sie ihre Spielwaren ausstellten. Nahe beieinander liegen das »Schildkröt Puppenmuseum« in Effelder-Rauenstein, das »Museum der Deutschen Spielzeugindustrie« in Neustadt bei Coburg, die »Spielzeugschachtel« in Steinach und das »Deutsche Spielzeugmuseum« in Sonneberg, das übrigens vor 100 Jahren gegründet wurde und somit das älteste in Deutschland ist. Ein weiteres Spielzeugmuseum liegt in der Luftlinie 160 km weiter im Osten, in Seiffen.

THÜRINGER WALD UND ERZGEBIRGE – Im Spielzeugland 55

➔ Nussknacker-Parade aus Seiffen

⬤ Das ganze Jahr Weihnachten

Seiffen liegt im Erzgebirge. Dieses Gebirge heißt so aus gutem Grund, denn hier begann im Jahr 1168 der Abbau von Erzen wie Eisen, Zink und Blei. Doch vor 300 Jahren war die Lagerstätte in Freiberg erschöpft. Die Bergarbeiterfamilien mussten sich auf eine andere Arbeit umstellen. Sie begannen in Heimarbeit Spielzeug zu schnitzen. Heute werden in über 100 Werkstätten das ganze Jahr über Weihnachtsartikel hergestellt wie Nussknacker, Schwebeengel oder Drehpyramiden. Seiffen ist ein richtiges Weihnachtsdorf – ebenso wie Lauscha im Thüringer Wald. Vor 150 Jahren stellte ein armer Lauschaer Glasbläser für seinen Weihnachtsbaum gläserne Äpfel und Nüsse her. Er konnte sich wohl keine echten leisten. Das aber war die zündende Idee. Bald folgten kostbar glitzernde Christbaumkugeln, die in alle Welt verkauft wurden.

Maßstab 1 : 600 000

56 DRESDEN – Im Wandel der Zeit

Aus der Luft sind die einzelnen Gebäude Dresdens gut zu erkennen. Findest du die Baustelle der Frauenkirche? Schau rechts im Stadtplan nach!

Ein wahrhaft starker König

Der »Goldene Reiter« auf dem Neustädter Markt ist ein Wahrzeichen Dresdens. Er erinnert an August den Starken (1670–1733), Kurfürst von Sachsen und König von Polen. König August war tatsächlich stark: Er konnte mit bloßen Händen Hufeisen aufbiegen und Zinnteller zusammenrollen. Das Standbild spiegelt die ganze Pracht, mit der der Fürst sich umgab. Er baute seine Residenz Dresden zu einer herrlichen Stadt im Stil des Barock aus und dafür brauchte er viel, viel Geld.

Ein Wahrzeichen von Dresden: die 1734 im Barockstil erbaute Frauenkirche

Die Frauenkirche wurde beim Bombenangriff 1945 fast völlig zerstört.

Die Frauenkirche beim Wiederaufbau – 2004 soll sie fertig sein.

Der Goldene Reiter zeigt August den Starken.

Schicksalstag 13. Februar 1945

»Ja, Dresden war eine wunderbare Stadt. Ihr könnt es mir glauben. Und ihr müsst es mir glauben!«, schreibt Erich Kästner in seiner Geschichte »Als ich ein kleiner Junge war«. Aber Dresden ereilte im Zweiten Weltkrieg ein furchtbares Unglück. Erich Kästner erinnert sich: »Jahrhunderte hatten ihre unvergleichliche Schönheit geschaffen. Ein paar Stunden genügten, um sie vom Erdboden fortzuhexen. Das geschah am 13. Februar 1945. Achthundert Flugzeuge warfen Spreng- und Brandbomben. Und was übrig blieb, war eine Wüste. Mit ein paar riesigen Trümmern, die aussahen wie gekenterte Ozeandampfer ...«

Die Frauenkirche für den Frieden

Nach und nach wurde Dresden wieder aufgebaut. Als Mahnmal für die Sinnlosigkeit und Grausamkeit aller Kriege wird auch die Frauenkirche neu errichtet. Mit ihrer 94 m hohen Kuppel war sie die größte evangelische Kirche der Barockzeit. Menschen aus aller Welt, allen voran ehemalige britische Bomberpiloten, haben als Ausdruck ihres Friedenswillens für den Wiederaufbau gespendet.

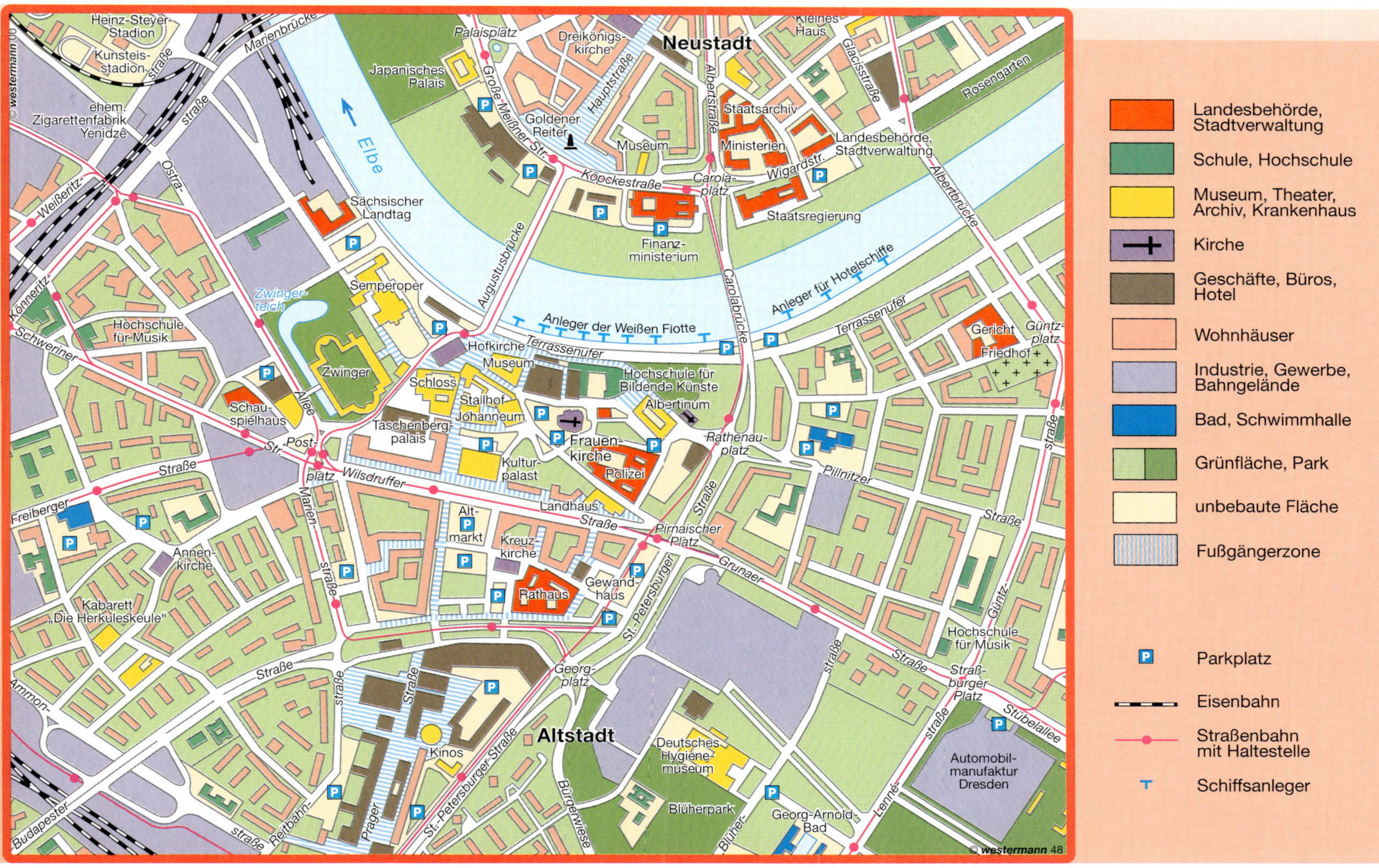

DRESDEN – Im Wandel der Zeit 57

🟧	Landesbehörde, Stadtverwaltung
🟩	Schule, Hochschule
🟨	Museum, Theater, Archiv, Krankenhaus
✚	Kirche
🟫	Geschäfte, Büros, Hotel
🟧	Wohnhäuser
🟪	Industrie, Gewerbe, Bahngelände
🟦	Bad, Schwimmhalle
🟩	Grünfläche, Park
⬜	unbebaute Fläche
▨	Fußgängerzone
P	Parkplatz
━━	Eisenbahn
●━●	Straßenbahn mit Haltestelle
T	Schiffsanleger

● Eine goldrichtige Entdeckung

Der Apothekerlehrling Johann Friedrich Böttger prahlte, er könne Gold machen. Das kam August dem Starken gerade recht. Er kidnappte Böttger und ließ ihn in Dresden einsperren. In Meißen machte Böttger dann seine bahnbrechende Entdeckung: die Porzellanherstellung. Und Porzellan war damals so wertvoll wie Gold!

● Erich Kästner

Der Schriftsteller Erich Kästner, geboren 1899 in Dresden-Neustadt, wurde für seine Kinderbücher besonders geehrt. Seine berühmtesten sind »Emil und die Detektive«, »Pünktchen und Anton«, »Das doppelte Lottchen« und »Das fliegende Klassenzimmer«.

Erich Kästner

Die ehemalige Tabakfabrik Yenidze

● Hinter märchenhaften Mauern

In einer Stadt mit vielen berühmten historischen Gebäuden ist modernes Bauen schwierig. So wollte um 1900 ein Unternehmer eine Zigarettenfabrik errichten. Er versteckte sie hinter den märchenhaften Fassaden einer Moschee mit einer gläsernen Kuppel, das Minarett ist der Schornstein! Er erklärte seine Fabrik, benannt nach der türkischen Tabakstadt Yenidze, ganz einfach zu einer neuen Sehenswürdigkeit. Heute gibt es dort nicht nur eine Disco, sondern auch Märchenerzähler.

Gläserne Automobilmanufaktur an der Lennéstraße

● Gläserne Autofabrik

Auch heute muss Modernisierung ideenreich umgesetzt werden: In der Stadt hat die Volkswagen AG die »Gläserne Automobilmanufaktur Dresden«, eine hochmoderne Fabrik für Luxusautos, errichtet. Sie ist eine Attraktion, denn man kann den Autobau beobachten.

Meissner Porzellan wird in Handarbeit gefertigt.

Maßstab 1 : 15 000

58 ALPENVORLAND UND ALPEN

① Im Voralpenland wie hier im Allgäu wird Milchvieh gehalten.

② Auch der Tegernsee liegt in einem Gletschertal.

Hügellandschaften und bayerische Seen

Das Alpenvorland entstand ähnlich wie das Norddeutsche Tiefland. Als die Alpen zum Gebirge aufstiegen, sank das Vorland zu einem Trog ab. Der Gesteinsschutt, den die Flüsse aus den Alpen schwemmten, füllte den Trog wieder auf. Dann kam die Eiszeit und Gletscher schoben sich aus den Tälern des Gebirges in das Vorland. Sie schürften Becken aus, in denen heute die bayerischen Seen liegen. Außerdem luden sie ihre Steinfracht ab und türmten Schotterwälle auf, die man Moränen nennt.

Die Gletscher schufen zwischen Alpen und Donau eine riesige Schotterebene. Durch die Eiszeitablagerungen sind vor allem am Alpenrand Hügellandschaften entstanden, die wegen ihrer Schönheit viele Menschen zum Urlaub anlocken.

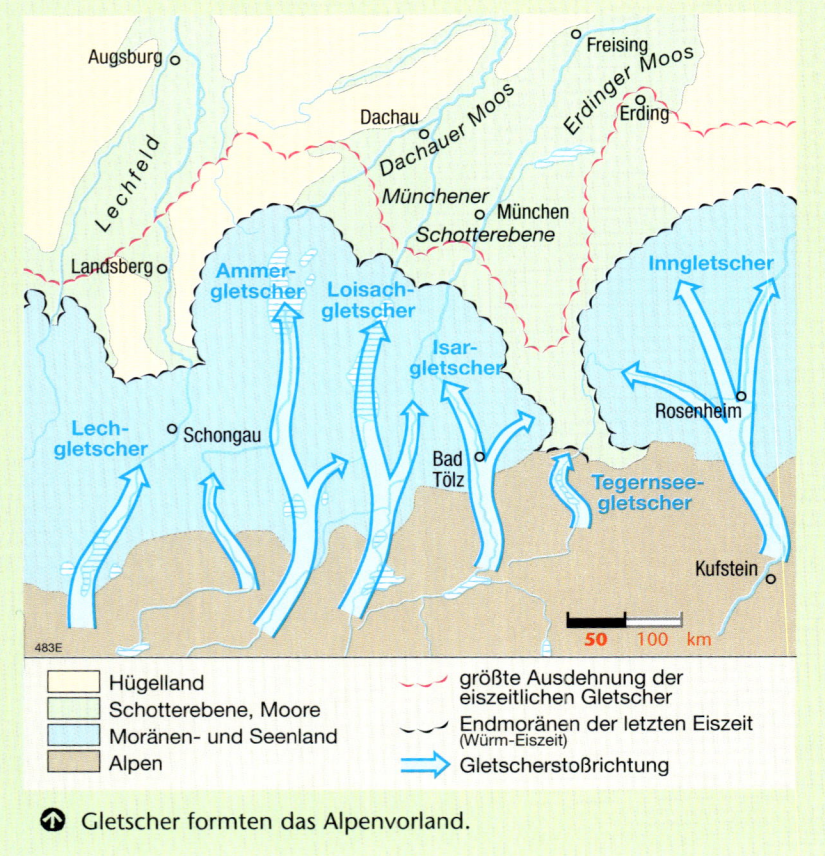

Legende:
- Hügelland
- Schotterebene, Moore
- Moränen- und Seenland
- Alpen
- größte Ausdehnung der eiszeitlichen Gletscher
- Endmoränen der letzten Eiszeit (Würm-Eiszeit)
- Gletscherstoßrichtung

↑ Gletscher formten das Alpenvorland.

ALPENVORLAND UND ALPEN 59

Schroffe Felsen, tiefe Täler

Die Alpen sind ein junges Gebirge. Entstanden sind sie, weil sich der Kontinent Afrika unendlich langsam nach Norden verschiebt. Diese Bewegung erzeugt einen ungeheuren Druck, der die Gesteine auffaltete. Auch heute ist diese Bewegung noch zu spüren. Erdbeben in Italien, die man selbst in Süddeutschland wahrnimmt, beweisen dies.

③ Der Watzmann, ein schroffer Gebirgsstock aus Kalkgestein

Ein Teil der Nordalpen gehört zu Deutschland. Dort ist ein Meeresboden aus Kalkgestein zum Gebirge aufgefaltet worden. Es besteht aus scharfen Graten, schroffen Felshängen und tiefen Tälern, von deren steilen Flanken immer wieder Stein- und Schnee-Lawinen herabstürzen.

Hier befindet sich auch der höchste Berg Deutschlands, die Zugspitze. Sie ist 2 962 m hoch. Allerdings ist der höchste Berg der Alpen fast 2 000 m höher. Er ist 4 807 m hoch, liegt in der Schweiz und heißt Montblanc. Insgesamt gehört nur ein kleiner Teil der Alpen zu Deutschland.

④ Auf der Zugspitze, dem höchsten Berg Deutschlands

Maßstab
1 : 3 000 000

NATIONALPARKS IN BAYERN

▶ Wo der Biber Burgen baut

Beiderseits der deutsch-tschechischen Grenze, im Böhmerwald und im Bayerischen Wald, liegt der größte Wald Mitteleuropas. Hier wurde 1970 der erste Nationalpark Deutschlands eingerichtet. Es ist ein Naturwaldreservat, in dem keine Forstwirtschaft betrieben werden darf. In den Mooren leben seltene Tiere und in den naturbelassenen Bachläufen baut der Biber seine Burgen. Wölfe und Bären allerdings, die früher hier lebten, haben nicht genügend Lebensraum. Für sie wurde ein großes Freigehege angelegt.

Urwald im Bayerischen Wald

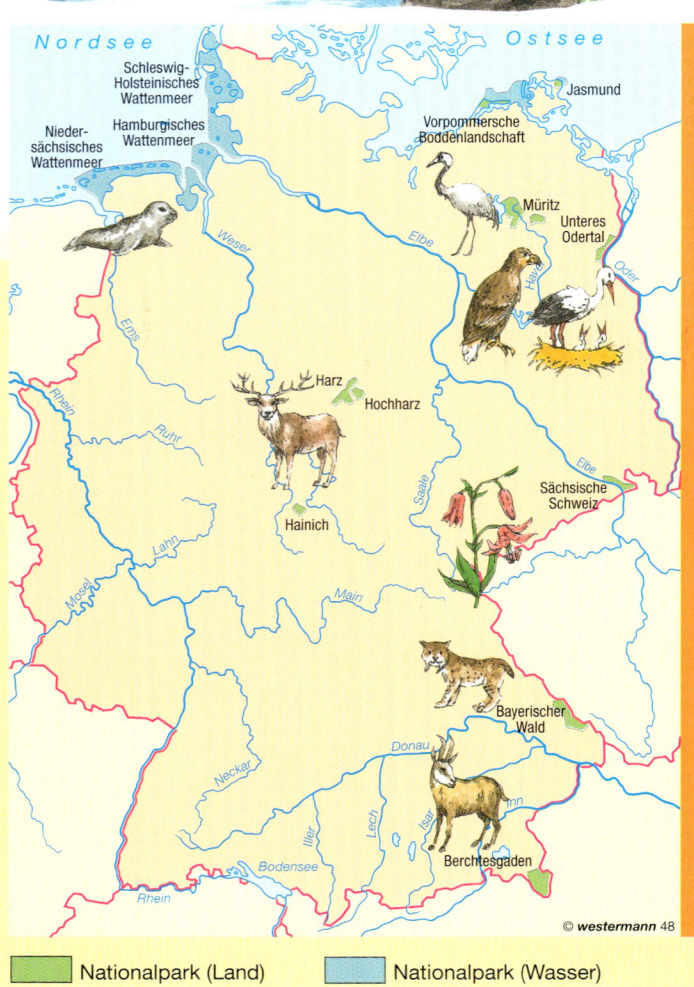

Nationalparks in Deutschland

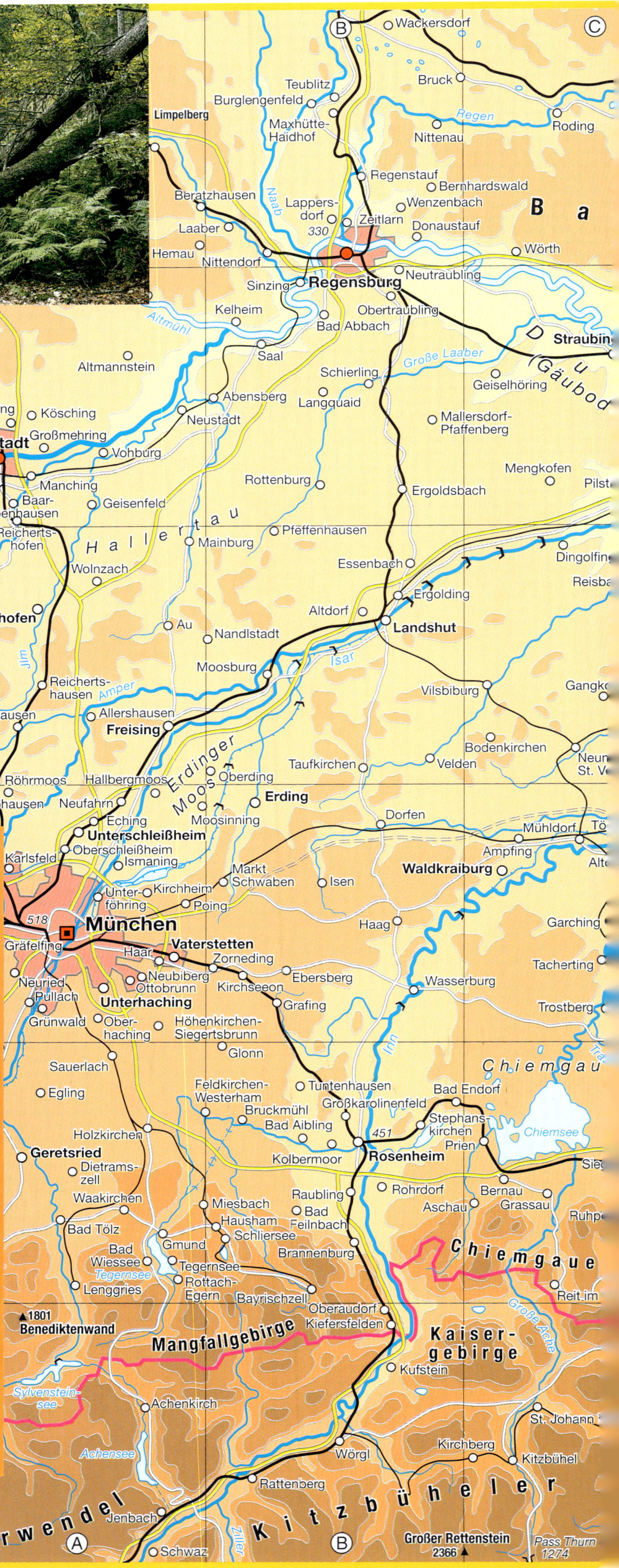

Nationalpark (Land)   Nationalpark (Wasser)

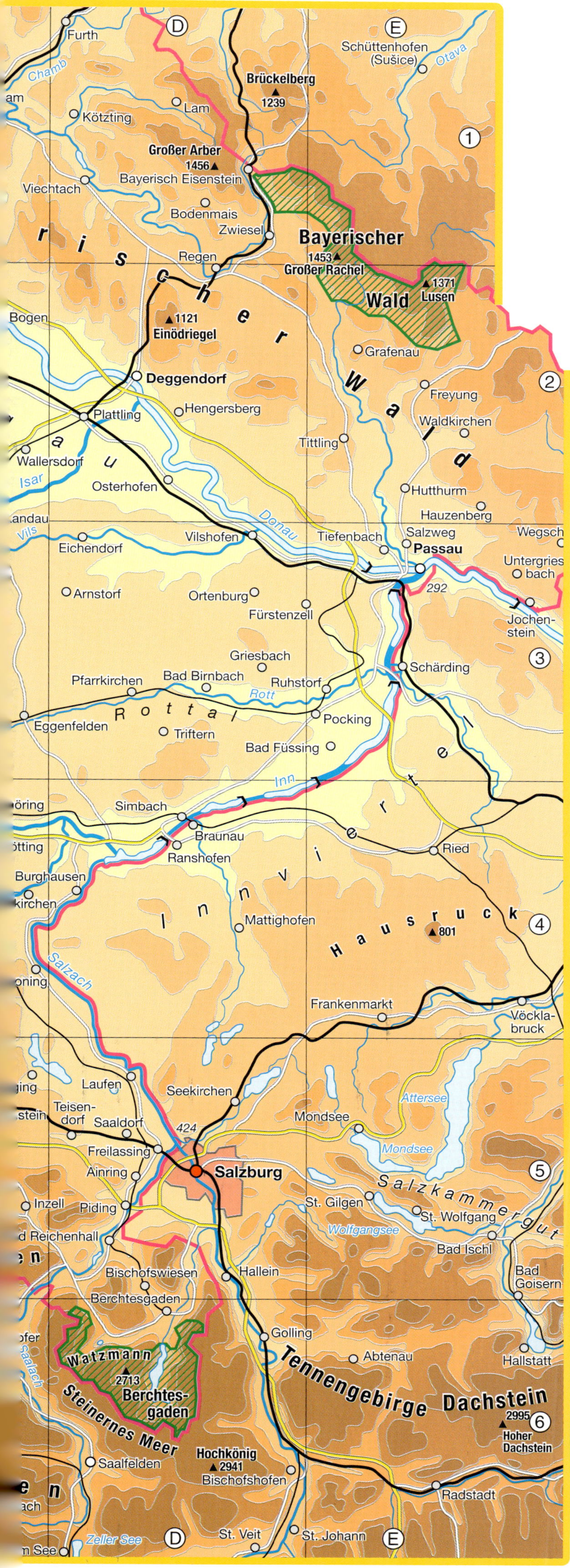

NATIONALPARKS IN BAYERN

In diesem Gebiet ist es verboten:
- die Wege zu verlassen.
- Hunde frei laufen zu lassen.
- zu zelten, zu campen, Feuer zu machen.
- zu baden, zu tauchen, zu angeln.
- wild lebenden Tieren nachzustellen, sie zu beunruhigen oder ihre Lebensstätten zu zerstören.
- Pflanzen zu entnehmen oder zu beschädigen.

 Nationalpark

Natur pur

Der Nationalpark Berchtesgaden liegt im äußersten südöstlichen Zipfel Deutschlands an der Grenze zu Österreich. 2 713 m steigt das Watzmann-Massiv mit steilen Felswänden auf. Der Königssee tief unten im Tal ist 8 km lang und 192 m tief. Der Nationalpark ist also ein Hochgebirgspark mit Tieren und Pflanzen, die nur in den Alpen vorkommen.
Tiefe Täler, Gletscher, Wasserfälle und eine Bootsfahrt über den Königssee locken viele Touristen an. Sie wandern gern in dieser herrlichen Landschaft. Das aber stört die Ruhe der Tiere. Daher gibt es strenge Regeln für Besucher von Nationalparks. Zwar sollte der Mensch in die Natur nicht eingreifen, aber in manchen Situationen ist das doch nötig: Weil es in den Alpen keine größeren Raubtiere mehr gibt, wächst zu viel Rotwild auf und äst die Pflanzen ab. Dadurch wird vor allem der Wald geschädigt. Jäger übernehmen dann die Aufgabe der fehlenden Raubtiere.

Der Königssee

Rothirsch

Maßstab 1 : 750 000

62 SÜDDEUTSCHLAND – Auf den Spuren der Römer

▶ Die Römer – Eroberer eines Weltreiches

In einigen Städten im Süden und Westen Deutschlands stehen Ruinen römischer Bauwerke. Außerdem entdecken Archäologen immer wieder römische Münzen, Gläser, Mosaike und Grabsteine. Dies sind Beweise, dass das römische Weltreich, das so genannte Imperium Romanum, einst bis nach Deutschland reichte.

▶ Großartige Ingenieure

An Donau und Rhein bauten die Römer Kastelle. Zwischen den beiden Flüssen zogen sie eine Grenzmauer quer durch das Land, den Limes, der zusammen mit über 100 Kastellen Schutz vor den kriegerischen Germanen bot. Je mehr Römer über die Alpen in die neue Provinz Raetia zogen, umso sicherer fühlten sie sich. Sie begannen das Land zu besiedeln. Die neue Stadt Augusta Vindelicorum (Augsburg) machten sie zur Hauptstadt dieser Provinz. Als hervorragende Ingenieure bauten sie Straßen, Brücken, Wasserleitungen, Tempel, Badehäuser, Märkte und Kampfarenen. In Trier und Xanten sind diese Amphitheater zu bestaunen.

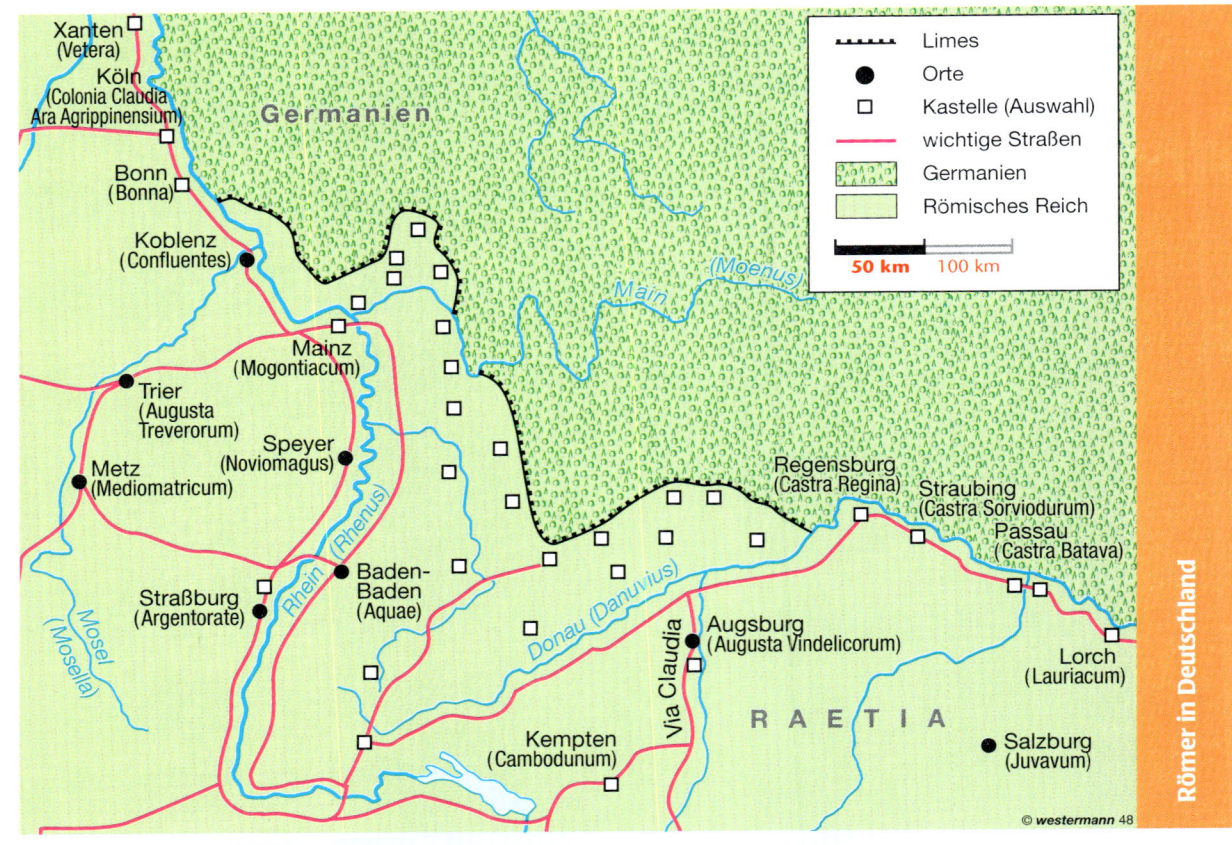

↑ Der Limes, eine Grenzbefestigung gegen die Germanen

← Römischer Legionär in Marschausrüstung

↑ Die Römer befestigten die großen Legionslager wie Castra Regina (Regensburg) mit steinernen Mauern und Toren.

▶ Spiele gegen die Langeweile

In Friedenszeiten hatten die römischen Soldaten viel Langeweile. Sie vertrieben sich die Zeit mit Brett- und Würfelspielen, von denen Archäologen einige fanden. Raffiniert funktionierte der Würfelturm. Oben warfen die Spieler die Würfel in den Turm und über eine Schräge kullerten diese unten wieder heraus. So sollte das Mogeln verhindert werden.

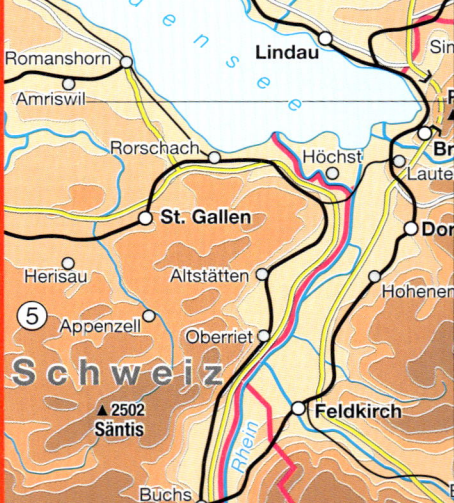

Maßstab 1 : 750 000

SÜDDEUTSCHLAND – Auf den Spuren der Römer

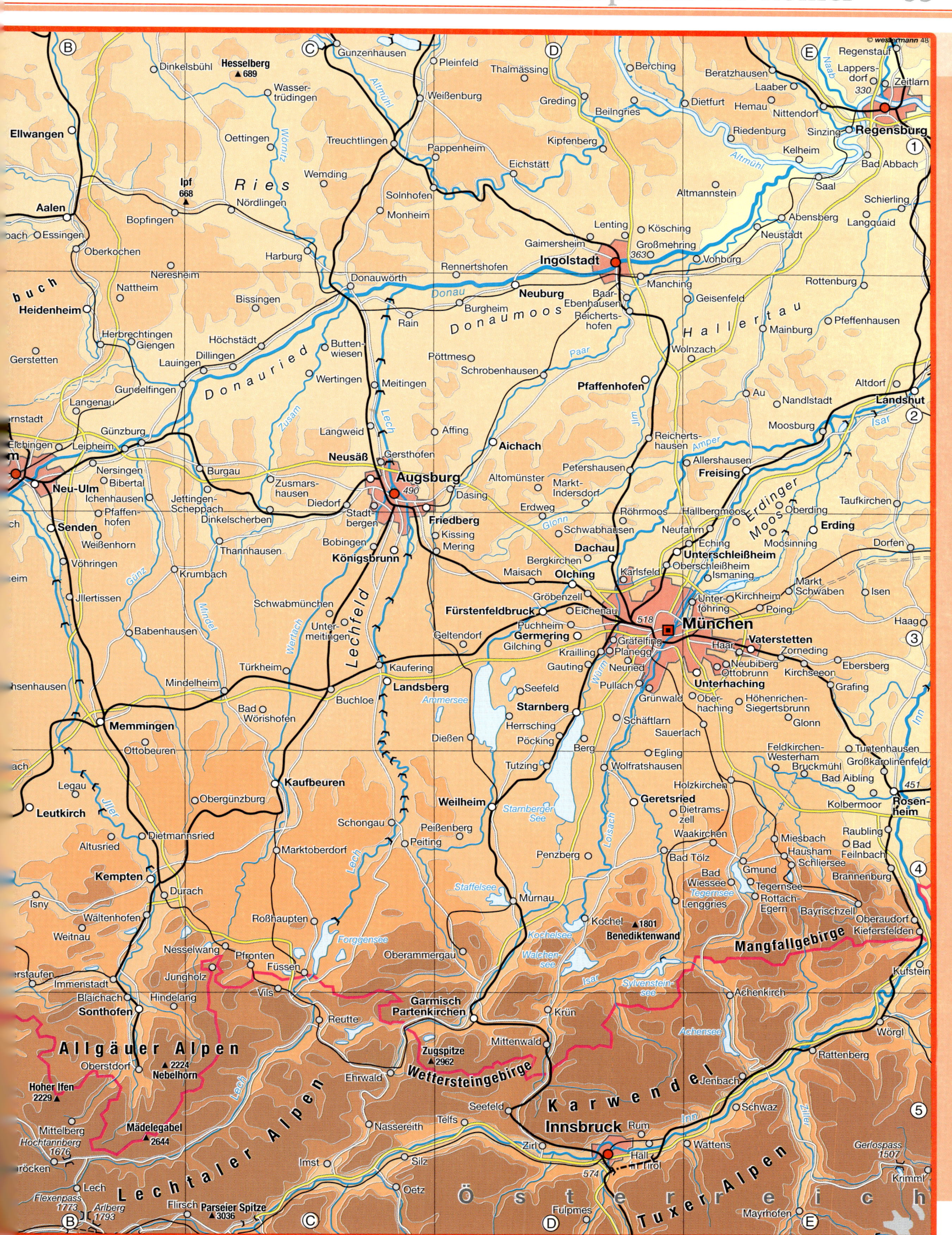

MÜNCHEN – Landeshauptstadt und Kulturmetropole

Flächennutzung
- 🟥 Ministerium, Landesbehörde
- 🟨 kulturelle Einrichtung
- 🟩 Wissenschaft und Forschung
- 🟫 sonstige öffentliche Einrichtung
- 🟧 Wohn- und Gewerbefläche (Geschäfte, Büros)
- Friedhof
- Grünfläche (Park, Freizeitfläche)
- Freifläche

Verkehr
- S-Bahn (unterirdisch)
- U-Bahn
- Ⓢ S-Bahn-Station
- Ⓤ U-Bahn-Station
- Fußgängerzone

▷ Stadt mit Herz

So wird München oft genannt. Mit 1,2 Millionen Einwohnern ist die Landeshauptstadt von Bayern, nach Berlin und Hamburg, die drittgrößte Stadt in Deutschland. In der Innenstadt befinden sich der Landtag, Ministerien und Landesbehörden, aber auch zahlreiche Museen, Theater und die Universität. München ist eine Hightech-Stadt, denn Computer- und Software-Industrie wie auch Luft- und Raumfahrt sind hier stark vertreten. Die Stadt gilt als »in«. Viele Menschen sind hierher gezogen – zum einen wegen der Arbeitsplätze, zum andern auch, weil hier ein reiches Freizeitangebot lockt. Höhepunkt des Jahres ist das Oktoberfest. Darüber hinaus bietet München eine attraktive Umgebung. Die oberbayerischen Seen sind nah und Bergsteiger und Schifahrer haben es bis in die Alpen nur 50 km weit.

Manche berühmten technischen Meisterleistungen können in keinem Museum gezeigt werden. Einige von ihnen sind in die Deutschlandkarte eingezeichnet.

Technische Meisterleistungen

Maßstab 1 : 15 000

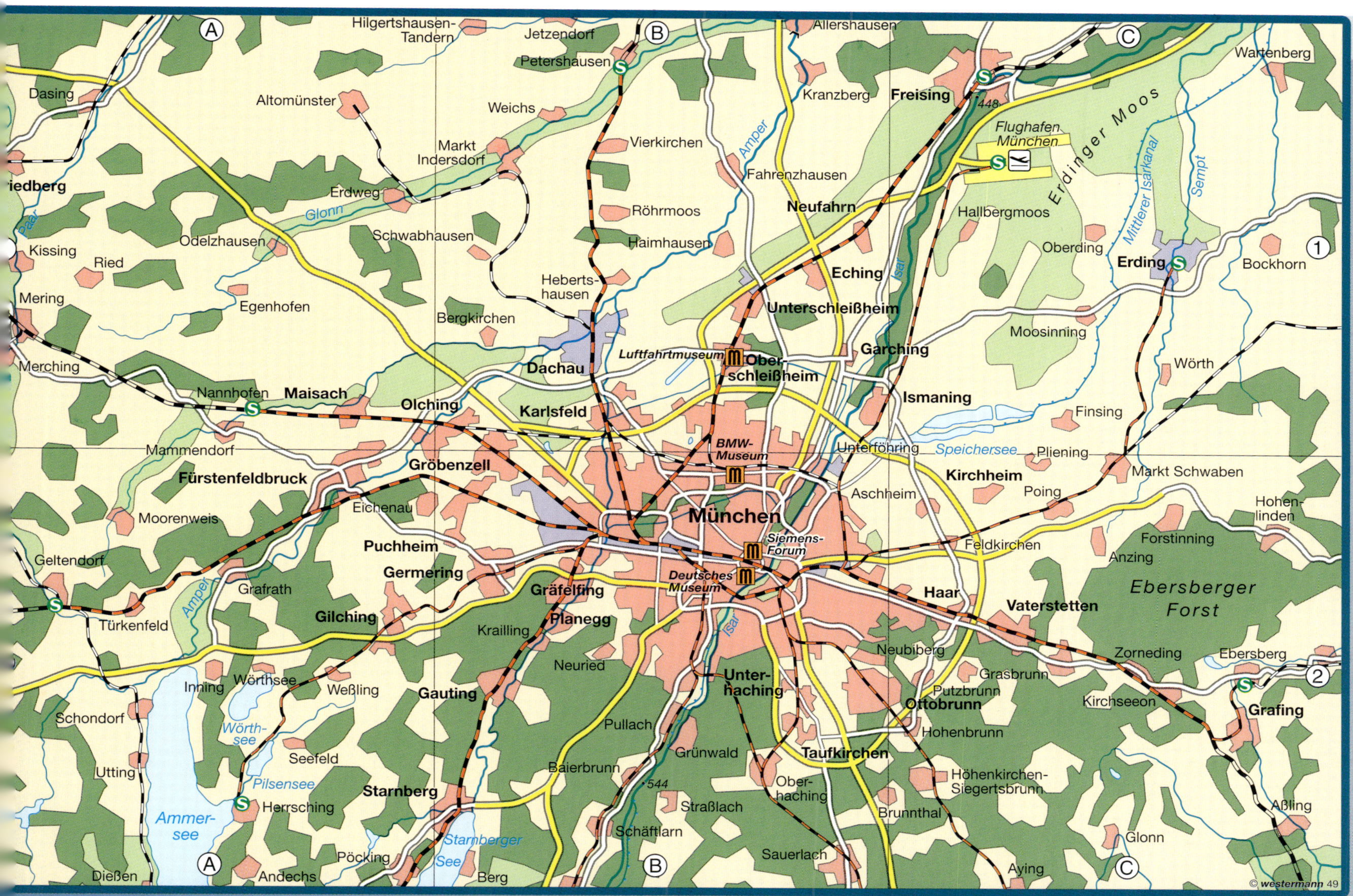

MÜNCHEN – Landeshauptstadt und Kulturmetropole

Von der Münchner Innenstadt kann man bei Föhn die Alpen sehen.

▦ bebaute Fläche		▬ Autobahn
▢ Ackerland		▬ Bundesstraße
▢ Wiese, Weide		▬ Eisenbahn
▢ Wald		▬ S-Bahn mit Endhaltestelle
✈ Flughafen		▣ Technikmuseum

▶ Wenn es blitzt und kracht ...

Unter den vielen bedeutenden Museen Münchens ist das Deutsche Museum die Nummer eins. Dieses riesige Technikmuseum ist wohl das meistbesuchte Museum Deutschlands. Es ist unmöglich, alles an einem Tag zu besichtigen. Experimente und Vorführungen machen den Besuch zu einem echten Erlebnis. Und wenn dann ein Blitz krachend den Faraday'schen Schutzkäfig trifft, zittern manchem Besucher die Knie. Alles, was deutsche Ingenieure und Wissenschaftler erfunden und entwickelt haben, ist hier zu bestaunen: Autos, Eisenbahnen, Flugzeuge, Schiffe und deren Motoren und vieles andere mehr.

Viel Mut gehört dazu, im Faraday'schen Käfig einen Blitz zu überstehen.

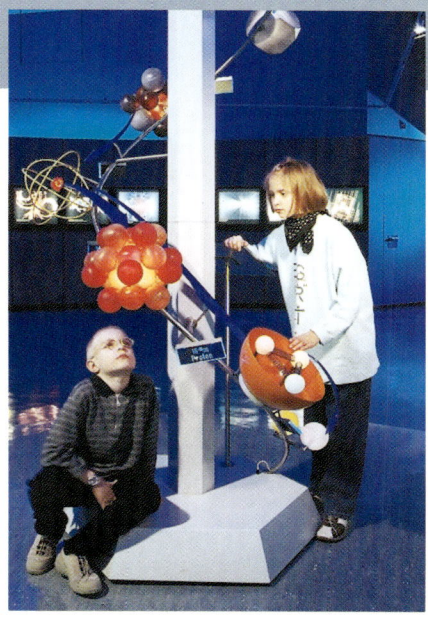

Technik selbst ausprobieren! Das Deutsche Museum hat für Kinder einen eigenen Ausstellungsbereich eingerichtet.

Maßstab 1 : 350 000

DEUTSCHLAND – Der Norden

DEUTSCHLAND – Die Mitte

DEUTSCHLAND – Der Süden

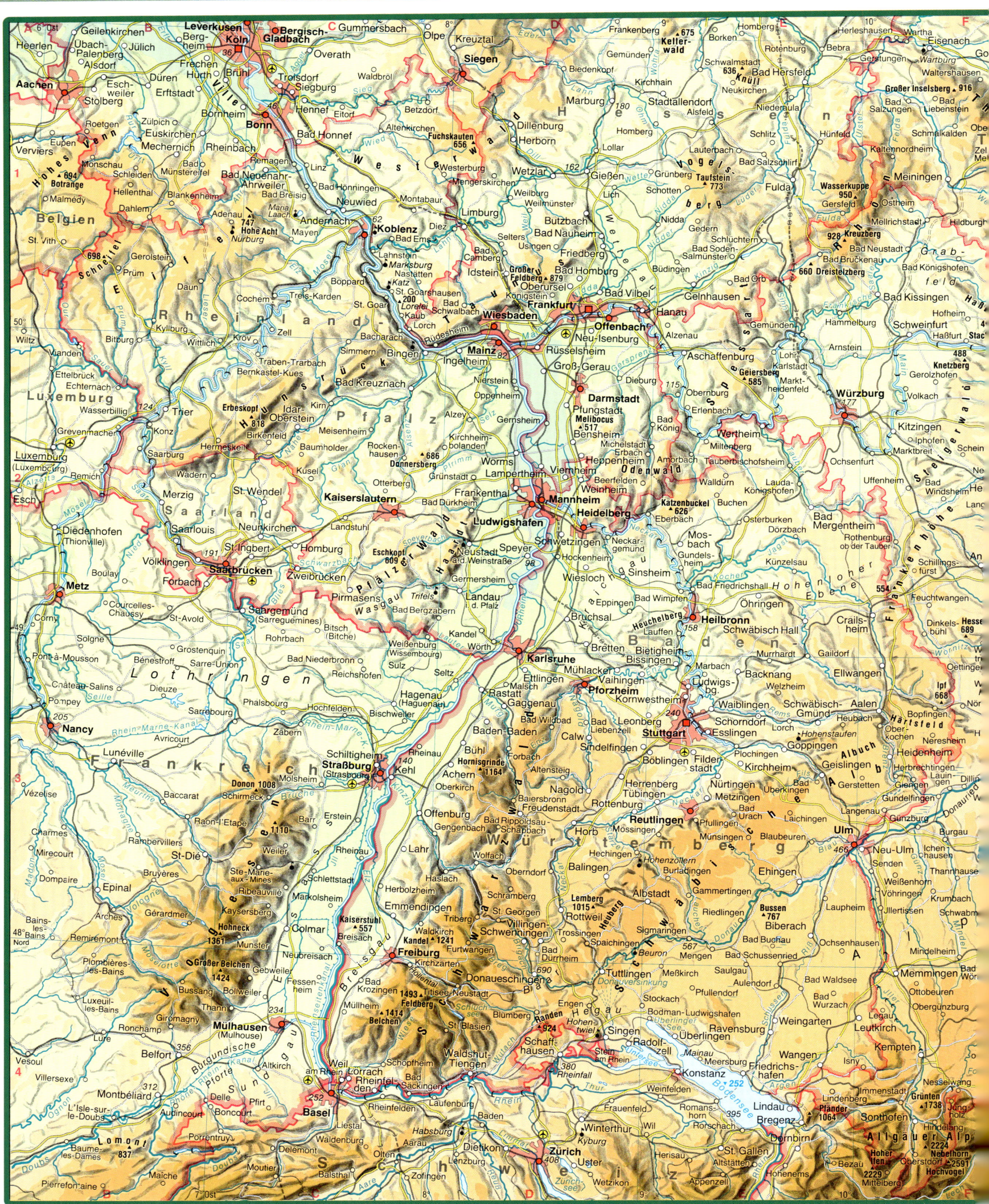

Maßstab 1 : 1 500 000

Register

Das Register enthält die geografischen Namen der Kartenseiten 66–71, sowie die Orts- und Landschaftsnamen aller Texte und Nebenkarten im Atlas.
Einige Abkürzungen sind dann hinzugefügt, wenn ein Name sowohl einen Ort (O.), einen Fluss (Fl.), als auch eine Landschaft (L.) bezeichnen kann.

Schnell und einfach können Namen in den Übersichtskarten gefunden werden:
Staaten Europas auf Seite 9,
Bundesländer auf Seite 11,
Flüsse auf der Seite 22,
Landschaftsnamen auf den Seiten 4–5 oder 24–25, 40–41 und 58–59.

A

Aachen, 68, A/B 3
Aachquelle, 50, D 4
Aalen, 70, E/F 3
Abensberg, 71, G/H 3
Achern, 70, D 3
Achim, 66, E 2
Adenau, 68, B 3
Agger, 68, C 3
Ahaus, 68, B 1
Ahlbeck, 67, K 1/2
Ahlen, 68, C 2
Ahr, 68, B 3
Ahrensburg, 66, F 2
Aichach, 71, G 3
Aisch, 71, F 2
Aken, 69, G/H 2
Aland, 67, G 3
Albstadt, 70, D/E 3
Albuch, 70, E/F 3
Alfeld, 66, E 4
Aller, 66, E 3
Allersberg, 71, G 2
Allgäuer Alpen, 70, F 4
Alpenvorland, 70, F–H 3
Alsdorf, 68, B 3
Alsenz, 68, C 4
Alsfeld, 68, E 3
Altena, 68, C 2
Altenau (O.), 66, F 4
Altenbeken, 68, D 2
Altenburg, 69, H 3
Altenkirchen (Westerwald), 68, C 3
Altensteig, 70, D 3
Altentreptow, 67, J 2
Altes Land, 66, E 2
Altmark, 67, G 3
Altmühl, 71, F 2
Altmühl, 71, G 3
Altötting, 71, H 3
Alz, 71, H 3
Alzenau, 70, E 1
Alzey, 68, D 4
Amberg, 71, G/H 2
Ammer, 71, F 4
Ammerland, 66, C/D 2
Ammersee, 71, F/G 3/4
Amorbach, 70, E 2

Amper, 71, G 3
Amrum, 66, D 1
Andechs, 71, G 4
Andernach, 68, C 3
Angeln, 66, E 1
Angermünde, 67, J/K 3
Anklam, 67, J 2
Annaberg-Buchholz, 69, J 3
Ansbach, 71, F 2
Apolda, 69, G 2/3
Arendsee, 67, G 3
Argen, 70, E 4
Arneburg, 67, H 3
Arnsberg, 68, D 2
Arnstadt, 69, F/G 3
Arnstein, 70, E 1
Arzberg, 71, H 1
Aschaffenburg, 70, E 2
Aschau, 71, H 4
Aschersleben, 69, G 2
Attendorn, 68, C 2
Au, 71, G 3
Aue (Fl. zur Weser), 66, D 3
Aue (O.), 69, H 3
Auerbach (Sachsen), 69, H 3
Auerbach in der Oberpfalz, 71, G 2
Augsburg, 71, F/G 3
Aulendorf, 70, E 4
Aurich, 66, C 2

B

Baar, 70, D 4
Babelsberg (siehe Potsdam)
Bacharach, 68, C 3
Backnang, 70, E 3
Bad Aibling, 71, G/H 4
Bad Arolsen, 68, D 2
Bad Bederkesa, 66, D/E 2
Bad Bentheim, 66, C 3
Bad Bergzabern, 68, C/D 4
Bad Berka, 69, G 3
Bad Berneck, 71, G 1
Bad Bevensen, 66, F 2
Bad Blankenburg, 69, G 3
Bad Bramstedt, 66, E/F 2
Bad Breisig, 68, C 3
Bad Brückenau, 70, E/F 1

Bad Buchau, 70, E 3
Bad Camberg, 68, D 3
Bad Doberan, 67, G 1
Bad Driburg, 68, E 2
Bad Düben, 69, H 2
Bad Dürkheim, 68, C/D 4
Bad Dürrenberg, 69, H 2
Bad Dürrheim, 70, D 3
Bad Ems, 68, C 3
Bad Essen, 66, D 3
Bad Freienwalde, 67, J/K 3
Bad Friedrichshall, 70, E 2
Bad Füssing, 71, J 3
Bad Gandersheim, 66, E/F 4
Bad Griesbach, 71, J 3
Bad Harzburg, 66, F 4
Bad Hersfeld, 68, E 3
Bad Homburg vor der Höhe, 68, D 3
Bad Honnef, 68, C 3
Bad Hönningen, 68, C 3
Bad Karlshafen, 68, E 2
Bad Kissingen, 70, F 1
Bad Kleinen, 67, G 2
Bad König, 68, E 4
Bad Königshofen, 70, F 1
Bad Kösen, 69, G 2
Bad Kreuznach, 68, C 4
Bad Krozingen, 70, C 4
Bad Langensalza, 69, F 2
Bad Lauterberg, 66, F 4
Bad Liebenstein, 68, F 3
Bad Liebenwerda, 69, J 2
Bad Liebenzell, 70, D 3
Bad Mergentheim, 70, E/F 2
Bad Münder, 66, E 3
Bad Münstereifel, 68, B 3
Bad Muskau, 39, G 5
Bad Nauheim, 68, D 3
Bad Neuenahr-Ahrweiler, 68, B/C 3
Bad Neustadt an der Saale, 70, E/F 1
Bad Oeynhausen, 68, D 1
Bad Oldesloe, 66, F 2
Bad Orb, 68, E 3
Bad Pyrmont, 66, E 3
Bad Reichenhall, 71, H 4
Bad Rippoldsau-Schapbach, 70, D 3
Bad Sachsa, 66, F 4
Bad Säckingen, 70, C/D 4
Bad Salzdetfurth, 66, F 3
Bad Salzschlirf, 68, E 3
Bad Salzuflen, 68, D/E 1
Bad Salzungen, 68, F 3
Bad Schandau, 69, K 3
Bad Schmiedeberg, 69, H 2
Bad Schussenried, 70, E 3
Bad Schwalbach, 68, C/D 3
Bad Schwartau, 66, F 2
Bad Segeberg, 66, F 2
Bad Soden-Salmünster, 68, E 3
Bad Sooden-Allendorf, 68, F 2
Bad Tölz, 71, G 4
Bad Überkingen, 70, E 3
Bad Urach, 70, E 3
Bad Vilbel, 68, D 3
Bad Waldsee, 70, E 4
Bad Wiessee, 71, G 4
Bad Wildbad, 70, D 3
Bad Wildungen, 68, D/E 2
Bad Wilsnack, 67, G/H 3
Bad Wimpfen, 70, D/E 2
Bad Windsheim, 70, F 2
Bad Wörishofen, 71, F 4
Bad Wurzach, 70, E 4

Bad Zwischenahn, 66, C/D 2
Baden-Baden, 70, D 3
Baden-Württemberg, 70, D/E 2/3
Bagenkop, 66, F 1
Baiersbronn, 70, D 3
Balingen, 70, D 3
Ballenstedt, 69, G 2
Baltrum, 66, C 2
Bamberg, 71, F 2
Bansin, 67, K 1/2
Banz, 71, F 1
Bargteheide, 66, F 2
Barnim, 67, J 3
Barsinghausen, 66, E 3
Barth, 67, H 1
Baruth, 67, J 3
Bassum, 66, D 3
Bastei, 69, K 2
Baumholder, 68, C 4
Baunach, 71, F 1
Baunatal, 68, E 2
Bautzen, 69, K 2
Bayerisch Eisenstein, 71, H/J 2
Bayerischer Wald, 71, H/J 2/3
Bayern, 71, F–H 3
Bayreuth, 71, G 2
Bayrischzell, 71, G/H 4
Bebra, 68, E 3
Beckum, 68, D 2
Beelitz, 67, H/J 3
Beerfelden, 68, D 4
Beeskow, 67, K 3
Beilngries, 71, G 2
Belchen, 70, C 4
Belzig, 67, H 3
Benediktbeuern, 71, G 4
Benediktenwand, 71, G 4
Bensheim, 68, D 4
Berchtesgaden, 71, H/J 4
Bergen (Kr. Celle), 66, E/F 3
Bergen (Rügen), 67, J 1
Bergheim, 68, B 3
Bergisch Gladbach, 68, C 2/3
Bergisches Land, 68, C 2
Berlin, 67, J 3
Bernau (Brandenburg), 67, J 3
Bernburg, 69, G 2
Bernkastel-Kues, 68, C 4
Bersenbrück, 66, C 3
Betzdorf, 68, C 3
Beuron, 70, D/E 3
Beverungen, 68, E 2
Biberach, 70, E 3
Biedenkopf, 68, D 3
Bielefeld, 68, D 1
Biese, 67, G 3
Bietigheim-Bissingen, 70, D/E 2/3
Biggetalsperre, 68, C 2
Bingen, 45, E 5
Binz, 67, J 1
Birkenfeld, 68, C 4
Bischofswerda, 69, K 2
Bischofswiesen, 71, H/J 4
Bispingen, 66, F 2
Bitburg, 68, B 4
Bitterfeld, 69, H 2
Blankenburg, 67, F 4
Blankenheim, 68, B 3
Blau, 70, E 3
Blaubeuren, 70, E 3
Bleckede, 66, F 2
Bleicherode, 69, F 2
Bleilochtalsperre, 69, G 3

Register 73

Blies, 68, C 4
Blumberg (Baden-Württemberg), 70, D 4
Bobingen, 71, F 3
Böblingen, 70, E 3
Bocholt, 68, B 2
Bochum, 68, C 2
Bode, 69, G 2
Bodenmais, 71, J 2
Bodensee, 70, E 4
Bodenwerder, 33, B 5
Bodman-Ludwigshafen, 70, E 4
Bogen, 71, H 3
Bohmte, 66, D 3
Boizenburg, 67, F 2
Bokel, 66, D 2
Boltenhagen, 67, F/G 2
Bonn, 68, C 3
Bopfingen, 70, F 3
Boppard, 68, C 3
Borken (Hessen), 68, E 2
Borken (Nordrhein-Westfalen), 68, B/C 2
Borkum, 66, B 2
Borna, 69, H 2
Bornheim, 68, B 3
Bottrop, 68, B 2
Brahmsee, 66, E 1
Brake, 66, D 2
Bramsche, 66, C 3
Brand-Erbisdorf, 69, J 3
Brandenburg (L. u. Bundesland), 67, H/J 3
Brandenburg (O.), 67, H 3
Branitz (siehe Cottbus), 39, G 4
Brannenburg (bei Rosenheim)
Braunlage, 66, F 4
Braunschweig, 66, F 3
Bredstedt, 66, E 1
Breg, 70, D 3/4
Breisach, 70, C 3
Bremen, 66, D 2
Bremerhaven, 66, D 2
Bremervörde, 66, D/E 2
Brenz, 70, F 3
Bretten, 70, D 2
Brigach, 70, D 3/4
Brilon, 68, D 3
Brocken, 42,
Brome, 67, F 3
Bruchsal, 70, D 2
Bruck in der Oberpfalz, 71, H 2

Brühl, 68, B 3
Brunsbüttel, 66, D/E 2
Buchen, 70, E 2
Büchen, 66, F 2
Buchenwald, 69, G 2
Buchholz in der Nordheide, 66, E/F 2
Buchloe, 71, F 3
Bückeburg, 66, E 3
Büdingen, 68, E 3
Bühl (Kr. Rastatt), 70, D 3
Bünde, 68, D 1
Bungsberg, 66, F 1
Büren, 68, D 2
Burg (Sachsen-Anhalt), 67, G 3
Burg auf Fehmarn, 67, G 1
Burgau, 70, F 3
Burgdorf (Kr. Hannover), 66, F 3
Burghausen, 71, H 3
Burgkunstadt, 71, G 1
Burglengenfeld, 71, G/H 2
Burladingen, 70, E 3
Bussen, 70, E 3
Büsum, 66, D 1
Butzbach, 68, D 3
Bützow, 67, G 2
Buxtehude, 33, B 2

C

Calau, 69, J/K 2
Calbe, 67, G 4
Calw, 70, D 3
Cannstatt, Bad, 53
Castrop-Rauxel, 68, C 2
Celle, 66, E/F 3
Cham, 71, H 2
Chamb, 71, H 2
Chemnitz, 69, H/J 3
Chiemsee, 71, H 4
Chorin, 67, J 3
Clausthal-Zellerfeld, 66, F 4
Clemenswerth (bei Sögel), 30, B 4
Cloppenburg, 66, C 3
Coburg, 71, F/G 1
Cochem, 68, C 3
Coesfeld, 68, C 2
Colbitz-Letzlinger Heide, 67, G 3
Coswig (Sachsen), 69, J 2
Coswig (Sachsen-Anhalt), 69, H 2
Cottbus, 69, K 2

Crailsheim, 70, E/F 2
Crimmitschau, 69, H 3
Crivitz, 67, G 2
Cuxhaven, 66, D 2

D

Dachau, 71, G 3
Dahlem, 68, B 3
Dahme (Fl. zur Spree), 67, J 3
Dahme (O., Schleswig-Holstein), 67, G 1
Damme, 66, D 3
Damp, 66, E/F 1
Dannenberg, 67, F/G 2
Dargun, 67, H 2
Darmstadt, 68, D 4
Darß, 67, H 1
Darßer Ort, 67, H 1
Dassow, 67, F/G 2
Datteln, 68, C 2
Daun, 68, B 3
Dedelow, 67, J 2
Deggendorf, 71, J 3
Deister, 66, E 3
Delitzsch, 69, H 2
Delme, 66, D 3
Delmenhorst, 66, D 2
Demmin, 67, J 2
Dessau, 69, H 2
Detmold, 68, D/E 2
Deutsche Bucht, 66, C 1
Dieburg, 68, D 4
Diemel, 68, E 2
Diepholz, 66, D 3
Dießen, 71, F/G 4
Dietfurt, 71, G 2
Diez, 68, C 3
Dill, 68, D 3
Dillenburg, 68, D 3
Dillingen an der Donau, 70, F 3
Dingelstädt, 68, F 2
Dingolfing, 71, H 3
Dinkelsbühl, 70, F 2
Dinslaken, 68, B 2
Dippoldiswalde, 69, J 3
Dithmarschen, 66, D/E 1
Döbeln, 69, J 2
Döbraberg, 71, G 1
Dollart, 66, C 2
Dömitz, 67, G 2
Donau, 71, F/G 3
Donaueschingen, 70, D 4
Donaumoos, 71, G 3
Donauried, 70, F 3
Donaustauf, 71, H 2
Donauversinkung, 70, D 4
Donauwörth, 71, F 3
Donnersberg, 68, C 4
Dorfen, 71, H 3
Dormagen, 68, B 2
Dorsten, 68, B/C 2
Dortmund, 68, C 2
Dortmund-Ems-Kanal, 68, C 2
Dörzbach, 70, E 2
Dosse, 67, H 2
Drawehn, 67, F 3
Dreistelzberg, 70, E 1
Dresden, 69, J 2
Drömling, 67, F/G 3
Dübener Heide, 69, H 2

Duderstadt, 66, F 4
Duhnen, Cuxhaven-, 66, D 2
Duisburg, 68, B 2
Dülmen, 68, C 2
Dümmer, 66, D 3
Dün, 68, F 2
Düne, 66, C/D 1
Dungau, 71, H 3
Düren, 68, B 3
Düsseldorf, 68, B/C 2

E

Ebbe, 68, C 2
Eberbach, 70, E 2
Ebergötzen, 33, C 6
Ebermannstadt, 71, G 2
Ebern, 71, F 1
Ebersberg, 71, G/H 3
Eberswalde, 67, J 3
Ebstorf, 66, F 2
Eckernförde, 66, E 1
Eder, 68, E 2
Edersee, 68, D 2
Effelder-Rauenstein, 54, A 4
Effelsberg (bei Bad Münstereifel)
Eggegebirge, 68, D 2
Eggenfelden, 71, H 3
Ehingen, 70, E 3
Eichsfeld, 68, F 2
Eichstätt, 51, H 1
Eider, 66, E 1
Eiderstedt, 66, D 1
Eifel, 68, B 3
Eilenburg, 69, H 2
Einbeck, 33, B 5
Einödriegel, 71, J 3
Eisenach, 68, F 2/3
Eisenberg, 69, G 2/3
Eisenhüttenstadt, 67, K 3
Eisfeld, 69, F 3
Eisleben, 33, D 6
Eitorf, 68, C 3
Elbe, 67, G/H 4
Elbe-Havel-Kanal, 67, G/H 3
Elbe-Lübeck-Kanal, 69, F 2
Elbe-Seitenkanal, 66, F 2/3
Elbsandsteingebirge, 69, K 3
Elde, 67, G 2
Ellrich, 69, F 2
Ellwangen, 70, E/F 3
Elm, 67, F 3
Elmshorn, 66, E 2
Elsfleth, 66, D 2
Elsterwerda, 69, J 2
Elz (Fl. zum Rhein), 70, C 3
Elz (Fl. zur Mosel), 68, C 3
Elze, 66, E 3
Emden, 66, C 2
Emlichheim, 66, B/C 3
Emmendingen, 70, C 3
Emmerich, 68, B 2
Ems, 66, C 3
Ems-Jade-Kanal, 66, C 2
Emsdetten, 68, C 1
Emsland, 66, C 3
Emsdetten, 68, C 1
Engen, 70, D 4
Ennepetal, 68, C 2
Ennigerloh, 68, C 2
Enz, 70, D 3
Eppingen, 70, D 2

Register

● F ●

Erbach, 68, D 4
Erbeskopf, 68, B/C 4
Erding, 71, G/H 3
Erdinger Moos, 71, G 3
Erft, 68, B 3
Erftstadt, 68, B 3
Erfurt, 69, F 2/3
Ergoldsbach, 71, H 3
Erkelenz, 68, B 2
Erkner, 67, J 3
Erlangen, 71, G 2
Erlenbach, 70, E 2
Eschenbach, 71, G 2
Eschkopf, 68, C 4
Eschwege, 68, F 2
Eschweiler, 68, B 3
Esens, 66, C 2
Espelkamp, 68, D 1
Essen (Niedersachsen), 66, C 3
Essen (Nordrhein-Westfalen), 68, B/C 2
Esslingen, 70, E 3
Ettal, 71, G 4
Ettlingen, 70, D 3
Euskirchen, 68, B 3
Eutin, 66, F 1

● F ●

Falkenberg, 69, J 2
Falkensee, 67, H/J 3
Falkenstein, 69, H 3
Fallersleben, 33, C 4
Fallingbostel, 66, E 3
Fehmarnbelt, 67, F/G 1
Fehmarnsund, 67, F/G 1
Fehrbellin, 67, H 3
Felda, 68, F 3
Feldberg, 70, C 4
Feucht, 71, G 2
Feuchtwangen, 70, F 2
Fichtelberg, 69, H 3
Fichtelgebirge, 71, F/G 1/2
Fichtelnaab, 71, G/H 2
Fiener Bruch, 67, H 3
Filderstadt, 70, E 3
Fils, 70, E 3
Finne, 69, G 2

Finsterwalde, 69, J 2
Fläming, 67, H/J 3/4
Flensburg, 66, E 1
Föhr, 66, D 1
Forbach (Kr. Rastatt), 70, D 3
Forchheim, 71, G 2
Forggensee, 71, F 4
Forst (Brandenburg), 69, K 2
Frankenberg, 68, D 2
Frankenhöhe, 70, F 2
Frankenthal, 68, D 4
Frankenwald, 71, G 1
Frankfurt/Main, 68, D 3
Frankfurt/Oder, 67, K 3
Fränkische Alb, 71, G 2
Fränkische Rezat, 71, F 2
Fränkische Saale, 70, E/F 1
Fränkische Schweiz, 71, G 2
Frechen, 68, B 3
Freiberg (Sachsen), 69, J 3
Freiberger Mulde, 69, J 3
Freiburg (Breisgau), 70, C/D 3
Freilassing, 71, H 4
Freising, 71, G 3
Freital, 69, J 2
Freudenstadt, 70, D 3
Freyburg, 69, G 2
Freyung, 71, J 3
Friedberg (Hessen), 68, D 3
Friedberg (Oberbayern), 71, F/G 3
Friedland (Niedersachsen), 66, E 4
Friedrichshafen, 70, E 4
Friedrichskoog, 66, D 1
Friedrichsruh (bei Aumühle), 29,
Friedrichstadt, 66, D/E 1
Friesack, 67, H 3
Friesoythe, 66, C/D 2
Fritzlar, 68, E 2
Fuchskauten, 68, C/D 3
Fuhse, 66, F 3
Fulda (O. u. Fl.), 68, E 3
Fürstenau, 66, C 3
Fürstenberg, 67, J 2
Fürstenfeldbruck, 71, F/G 3
Fürstenwalde, 67, K 3
Fürstenzell, 71, J 3
Fürth, 71, F 2
Furth im Wald, 71, H 2
Furtwangen, 70, D 3
Füssen, 71, F 4

● G ●

Gadebusch, 67, G 2
Gaggenau, 70, D 3
Gaildorf, 70, E 2
Gaimersheim, 71, G 3
Gammertingen, 70, E 3
Garbsen, 66, E 3
Gardelegen, 67, G 3
Garmisch-Partenkirchen, 71, F/G 4
Garrel, 66, D 3
Gartz, 67, K 2
Gauting, 71, G 3
Gedern, 68, E 3
Geeste, 66, D 2
Geesthacht, 66, F 2
Geiersberg, 70, E 2
Geilenkirchen, 68, B 3
Geiselwind (bei Schlüsselfeld)
Geisenfeld, 71, G 3
Geislingen, 70, E/F 3
Geldern, 68, B 2
Gelnhausen, 68, E 3
Gelsenkirchen, 68, C 2
Gelting, 66, E/F 1
Gemünden (Wohra), 68, D 3
Gemünden am Main, 70, E 1
Gengenbach, 70, D 3
Genthin, 67, H 3
Georgsmarienhütte, 66, C/D 3
Gera, 69, G/H 3
Geretsried, 71, G 4
Germering, 71, G 3
Germersheim, 68, D 4
Gernsheim, 68, D 4
Gerolstein, 68, B 3
Gerolzhofen, 70, F 2
Gersfeld, 68, E 3
Gersprenz, 68, D 4
Gerstetten, 70, E/F 3
Gersthofen, 71, F 3
Gerstungen, 68, F 3
Geseke, 68, D 2
Giengen, 70, F 3
Gießen, 68, D 3
Gifhorn, 66, F 3
Gladbeck, 68, B/C 2
Glan, 68, C 4
Glashütte, 69, J 3
Glauchau, 69, H 3
Glonn (O. u. Fl.), 71, G 3/4
Glücksburg, 66, E 1
Glückstadt, 66, E 2
Gnoien, 67, H 2
Goch, 68, B 2
Göhrde, 67, F 2
Goldene Aue, 69, G 2
Gondorf (bei Bitburg)
Göppingen, 70, E 3
Gorleben, 67, G 2
Görlitz, 69, K 2
Goslar, 66, F 4
Gotha, 69, F 3
Göttingen, 66, E/F 4
Graal-Müritz, 67, G/H 1
Grabfeld, 70, F 1
Grafenau, 71, J 3
Gräfenhainichen, 69, H 2
Grafenwöhr, 71, G 2
Grafing, 71, G/H 3
Gransee, 67, J 2
Greifswald, 67, J 1

Greifswalder Bodden, 67, J 1
Greifswalder Oie, 67, J/K 1
Greiz, 69, H 3
Greven, 68, C 1
Grevenbroich, 68, B 2
Grevesmühlen, 67, G 2
Grimma, 69, H 2
Grimmen, 67, J 1
Gröbenzell, 71, G 3
Gröditz, 69, J 2
Grömitz, 67, G 1
Gronau (Westfalen), 68, C 1
Gröningen, 67, G 4
Groß Mohrdorf, 27, F 2
Groß-Gerau, 68, D 4
Große Laber, 71, H 3
Großenbrode, 67, G 1
Großenhain, 69, J 2
Großenkneten, 66, D 3
Großer Arber, 71, J 2
Großer Beerberg, 69, F 3
Großer Feldberg, 68, D 3
Großer Plöner See, 66, F 1
Großer Rachel, 71, J 3
Großer Röder, 69, J 2
Großes Haff, 67, K 2
Großsedlitz (bei Heidenau), 55, F 2
Grünberg (Kreis Gießen), 68, E 3
Grünstadt, 68, C/D 4
Grünten, 70, F 4
Grünwald, 71, G 3
Guben (Brandenburg), 69, K 2
Gummersbach, 68, C 2
Gundelfingen, 70, F 3
Gundelsheim, 70, E 2
Günz, 70, F 3
Günzburg, 70, F 3
Gunzenhausen, 71, F 2
Güstrow, 67, G/H 2
Gutenfürst, 69, G/H 3
Gütersloh, 68, D 2

● H ●

Haar, 68, C/D 2
Haar (O.), 71, G 3
Hadeln, 66, D 2
Haff, Großes u. Kleines, 67, K 2
Haffkrug, Scharbeutz-, 66, F 1
Hagen, 68, C 2
Hagenow, 67, F/G 2
Haidenaab, 71, G/H 2
Hainich, 68, F 2
Hainichen, 69, J 3
Hainleite, 69, F 2
Haithabu, 66, E 1
Halberstadt, 33, D 5
Haldensleben, 67, G 3
Halle, 69, H 2
Hallertau, 71, G 3
Halligen, 66, D 1
Hallstadt, 71, F/G 2
Haltern, 68, C 2
Hamburg, 66, F 2
Hameln, 33, B 5
Hamm, 68, C 2
Hammelburg, 70, E/F 1
Hanau, 68, E 3
Hankensbüttel, 66, F 3
Hannover, 66, E 3
Hannoversch Münden, 68, E 2

Register

Harburg, 71, F 3
Haren, 66, C 3
Harlesiel, Wittmund-, 66, C 2
Härtsfeld, 70, F 3
Harz, 66, F 4
Harzgerode, 69, G 2
Hase, 66, C 3
Haslach, 70, D 3
Haßberge, 71, F 1
Haßfurt, 70, F 1
Hattingen, 68, C 2
Havel, 67, H 3
Havelberg, 67, H 3
Havelland, 67, H 3
Hechingen, 70, D 3
Hechthausen, 66, E 2
Hegau, 70, D 4
Heide, 66, E 1
Heidelberg, 70, D 2
Heidenau, 55, F 2
Heidenheim, 70, F 3
Heilbronn, 70, E 2
Heiligenhafen, 67, F 1
Heiligenstadt, 68, F 2
Heilsbronn, 71, F 2
Helbe, 69, F/G 2
Helgoland, 66, C 1
Helgoländer Bucht, 66, C/D 1
Hellenthal, 68, B 3
Helmbrechts, 71, G 1
Helme, 69, G 2
Helmstedt, 33, D 5
Hemmoor, 66, D/E 2
Hennef, 68, C 3
Hennigsdorf, 67, H/J 3
Heppenheim, 68, D 4
Herbolzheim, 70, C/D 3
Herborn, 68, D 3
Herbrechtingen, 70, F 3
Herford, 68, D 1
Heringsdorf, 67, K 1/2
Herleshausen, 68, E/F 2
Hermeskeil, 68, B/C 4
Hermsdorf, 69, G 3
Herne, 68, C 2
Heroldsberg, 71, G 2
Herrenberg, 70, D/E 3
Herrenchiemsee, 71, H 4
Herrnburg, 67, F 2
Herrnhut, 69, K 2
Herrsching, 71, G 3
Hersbruck, 71, G 2
Herten, 68, C 2
Herzberg (Brandenburg), 69, J 2
Herzberg am Harz, 66, F 4
Herzogenaurach, 71, F 2
Hesel, 66, C 2
Hesselberg, 71, F 2
Hessen (Bundesland), 68, D/E 3
Hettstedt, 69, G 2
Heubach, 70, E/F 3
Heuberg, 70, D 3
Heuchelberg, 70, D/E 2
Hiddensee, 67, H/J 1
Hildburghausen, 69, F 3
Hilden, 68, B 2
Hildesheim, 66, E/F 3
Hilpoltstein, 71, G 2
Hils, 66, E 4
Hindelang, 70, F 4
Hirschau, 71, G 2
Hirschberg, 69, G 3
Hitzacker, 67, F 2

Höchstadt, 71, F 2
Hockenheim, 70, D 2
Hodenhagen, 31, E/F 4
Hof, 71, G/H 1
Hofgeismar, 68, E 2
Hofheim in Unterfranken, 70, F 1
Hohe Acht, 68, C 3
Hohenloher Ebene, 70, E/F 2
Hohenstaufen, 70, E 3
Hohenstein-Ernstthal, 69, H 3
Hohentwiel, 70, D 4
Hohenwartetalsperre, 69, G 3
Hohenwestedt, 66, E 1
Hohenzollern, 70, E 3
Hoher Ifen, 70, F 4
Hohwacht, 67, F 1
Hollenstedt, 66, E 2
Höllental, 70, C/D 4
Hollfeld, 71, G 2
Holzmaden, 51, E 2
Holzminden, 66, E 4
Homberg (Schwalm-Eder-Kreis), 68, E 2
Homberg (Vogelsbergkreis), 68, D 3
Homburg, 66, F 3
Homburg (Saar), 68, C 4
Hooge, 66, D 1
Horb, 70, D 3
Horn-Bad Meinberg, 68, E 2
Horneburg, 66, E 2
Hornisgrinde, 70, D 3
Hörnum, 66, D 1
Höxter, 68, E 2
Hoya, 66, E 3
Hoyerswerda, 69, K 2
Hückelhoven, 68, B 2
Hülsdorf, Haus, 35, C 2
Hümmling, 66, C 3
Hünfeld, 68, E 3
Hunsrück, 68, C 4
Hunte, 66, D 3
Hürth, 68, B 3
Husum, 66, E 1
Huy, 67, F/G 4

Ibbenbüren, 68, C 1
Ichenhausen, 70, F 3
Idar-Oberstein, 68, C 4
Idstein, 68, D 3
Iller, 70, F 4
Illertissen, 70, F 3
Ilm (Fl. zur Donau), 71, G 3
Ilm (Fl. zur Saale), 69, G 2
Ilmenau (Fl.), 66, F 2
Ilmenau (O.), 69, F 3
Ilsede, 66, F 3
Ilz, 71, J 3
Immendingen, 50, C 4
Immenstadt, 70, F 4
Ingelheim, 68, D 4
Ingolstadt, 71, G 3
Inn, 71, H 4
Innerste, 66, F 3
Inzell, 71, H 4
Ipf, 70, F 3
Iphofen, 70, F 2
Isar, 71, H 3
Iserlohn, 68, C 2
Ismaning, 71, G 3

Isny, 70, E/F 4
Ith, 66, E 3
Itz, 71, F 1
Itzehoe, 66, E 2

Jade, 66, D 2
Jadebusen, 66, D 2
Jagst, 70, E 2
Jarmen, 67, J 2
Jeetze, 67, G 3
Jena, 69, G 3
Jessen, 69, H/J 2
Jever, 66, C 2
Joachimsthal, 67, J 3
Jochenstein, 71, J 3
Johanngeorgenstadt, 69, H 3
Juist, 66, B 2
Jülich, 68, B 3
Jümme, 66, C 2
Jüterbog, 67, J 4

Kahler Asten, 68, D 2
Kaiserslautern, 68, C 4
Kaiserstuhl, 70, C 3
Kalbe, 67, G 3
Kalkar, 68, B 2
Kaltennordheim, 68, F 3
Kamen, 68, C 2
Kamenz, 69, J/K 2
Kamp-Lintfort, 68, B 2
Kampen (Sylt), 66, D 1
Kandel (B.), 70, C 3
Kandel (O.), 68, D 4
Kap Arkona, 67, J 1
Kappeln, 66, E/F 1
Karlsfeld, 71, G 3
Karlsruhe, 70, D 3
Karlstadt am Main, 70, E 2
Kassel, 68, E 2
Kastl, 71, G 2
Katz, 68, C 3
Katzenbuckel, 70, E 2
Kaub, 68, C 3
Kaufbeuren, 71, F 4

Kehdingen, 66, E 2
Kehl, 70, C 3
Kelheim, 71, G 3
Kellenhusen, 67, G 1
Kellerwald, 68, E 2/3
Kellinghusen, 66, E 2
Kemnath, 71, G 2
Kempen (O.), 68, B 2
Kempten, 70, F 4
Kiel, 66, F 1
Kieler Bucht, 66, F 1
Kielkanal = Nord-Ostsee-Kanal, 66, E 1
Kinzig (Fl. zum Main), 68, E 3
Kinzig (Fl. zum Rhein), 70, C 3
Kipfenberg, 71, G 3
Kirchhain, 68, D 3
Kirchheim, 70, E 3
Kirchheimbolanden, 68, D 4
Kirchzarten, 70, C/D 4
Kirn, 68, C 4
Kitzingen, 70, F 2
Kleines Haff, 67, K 2
Kleinwelka (bei Bautzen)
Kleve, 68, B 2
Klingenthal, 69, H 3
Klötze, 67, G 3
Knechtsand, Großer, 66, D 2
Kneitlingen, 33, C 5
Knetzberg, 70, F 2
Knüll, 68, E 3
Kobern-Gondorf (bei Koblenz)
Koblenz, 45, E 3
Kochel, 71, G 4
Kochelsee, 71, G 4
Kocher, 70, E 2
Kölleda, 69, G 2
Köln, 68, B 3
Königs Wusterhausen, 67, J 3
Königsbrunn, 71, F 3
Königslutter, 67, F 3
Königssee, 71, H/J 4
Königstein (Sachsen), 69, J/K 3
Königstein im Taunus, 68, D 3
Konstanz, 70, E 4
Konz, 68, B 4
Korbach, 68, D/E 2
Kornwestheim, 70, D/E 3
Köthen, 69, G 2
Kötzting, 71, H/J 2
Kraichgau, 70, D 2
Krakow, 67, H 2

Register

Krefeld, 68, B 2
Kreiensen, 66, E 4
Kreuzberg (Rhön), 70, E/F 1
Kreuztal, 68, C/D 3
Kronach, 71, G 1

Kröv, 68, B/C 4
Krumbach, 70, F 3
Krummhörn-Greetsiel, 66, B/C 2
Krün, 71, G 4
Kühlungsborn, 67, G 1
Kulmbach, 71, G 1
Kummerower See, 67, H/J 2
Künzelsau, 70, E 2
Kusel, 68, C 4
Küstenkanal, 66, C 2/3
Kyffhäuser, 69, F/G 2
Kyll, 68, B 4
Kyllburg, 68, B 3
Kyritz, 67, H 3

Laacher See, 45, D 3
Laage, 67, H 2
Laboe, 66, F 1
Lage, 68, D 2
Lahn, 68, C 3
Lahnstein, 68, C 3
Lahr, 70, C 3
Laichingen, 70, E 3
Lam, 71, H/J 2
Lampertheim, 68, D 4
Landau an der Isar, 71, H 3
Landau in der Pfalz, 68, D 4
Landsberg am Lech, 71, F/G 3
Landshut, 71, H 3
Landstuhl, 68, C 4
Langenau, 70, E/F 3
Langeneß, 66, D 1
Langenhagen, 66, E 3
Langenzenn, 71, F 2
Langeoog, 66, C 2
Lassan, 67, J 2
Lauchert, 70, E 3
Lauchhammer, 69, J 2
Lauda-Königshofen, 70, E 2
Lauenburg/Elbe, 66, F 2
Lauf, 71, G 2
Laufen, 71, H 4

Lauffen, 70, D/E 2
Lauingen, 70, F 3
Laupheim, 70, E/F 3
Lauscha, 54, A 3
Lausitz, 39, E/G 4/5
Lausitzer Neiße, 69, K 2
Lauter, 70, D 2
Lauterbach, 68, E 3
Lech, 71, F 4
Lechfeld, 71, F 3
Leer, 66, C 2
Legau, 70, F 4
Lehrte, 66, E/F 3
Leine, 66, E 3
Leinefelde, 68, F 2
Leipzig, 69, H 2
Lemberg, 70, D 3
Lemgo, 68, D 1
Lengerich, 68, C 1
Lenggries, 71, G 4
Lenne, 68, C 2
Lennestadt, 68, D 2
Leonberg, 70, D/E 3
Leuna, 69, G 2
Leutkirch, 70, F 4
Leverkusen, 68, B 2
Lich, 68, D 3
Lichtenau, 68, D 2
Lichtenfels, 71, F/G 1
Lieser, 68, B 3
Limbach-Oberfrohna, 69, H 3
Limburg an der Lahn, 68, D 3
Limpelberg, 71, G 2
Lindau (Bodensee), 70, E 4
Lindenberg (Allgäu), 70, E/F 4
Linderhof, 71, F 4
Lingen, 66, C 3
Linz am Rhein, 68, C 3
Lippe, 68, D 2
Lippstadt, 68, D 2
List, 66, D 1
Löbau, 69, K 2
Lobenstein, 69, G 3
Loccum, 66, E 3
Lochmühle (bei Wehrheim), 45, G 3
Lohne, 66, D 3
Lohr, 70, E 2
Loisach, 71, G 4
Lollar, 68, D 3
Löningen, 66, C 3
Lonetal, 51, F 2
Lorch (Rems), 70, E 3
Lorch (Rhein), 68, C 3
Loreley, 68, C 3
Lörrach, 70, C 4
Loxstedt, 66, D 2
Lübbecke, 68, D 1
Lübben, 69, J 2
Lübbenau, 39, F 4
Lübeck, 66, F 2
Lübecker Bucht, 67, G 1
Lubmin, 67, J 1
Lübtheen, 67, G 2
Lüchow, 67, F/G 3
Luckau, 69, J 2
Luckenwalde, 67, J 3
Lüdenscheid, 68, C 2
Lüder, 68, E 3
Lüdinghausen, 68, C 2
Ludwigsburg, 70, E 3
Ludwigsfelde, 67, H/J 3
Ludwigshafen, 68, D 4
Ludwigslust, 67, G 2

Ludwigsstadt, 69, G 3
Luhe, 66, F 2
Lune, 66, D 2
Lüneburg, 66, F 2
Lüneburger Heide, 66, E/F 2/3
Lünen, 68, C 2
Lusen, 71, J 3
Lütjenburg, 66, F 1
Lychen, 67, J 2

M

Magdeburg, 67, G/H 3
Magdeburger Börde, 67, G 3
Main, 68, D 3
Main-Donau-Kanal, 71, G 2
Mainau, 70, E 4
Mainburg, 71, G 3
Mainz, 68, D 4
Malchin, 67, H 2
Malchow, 67, H 2
Mallersdorf-Pfaffenberg, 71, H 3
Malsch, 70, D 3
Manching, 71, G 3
Mangfallgebirge, 71, G 4
Mannheim, 70, D 2
Mansfeld, 69, G 2
Marbach, 70, E 3
Marburg an der Lahn, 68, D 3
Maria Laach, 68, C 3
Marienberg, 69, J 3
Marienborn, 67, G 3
Markkleeberg, 69, H 2
Marksburg, 68, C 3
Markt Schwaben, 71, G/H 3
Markt-Indersdorf, 71, G 3
Marktbreit, 70, F 2
Marktheidenfeld, 70, E 2
Marktoberdorf, 71, F 4
Marktredwitz, 71, G/H 1/2
Marl, 68, C 2
Marne (O., Schleswig-Holstein), 66, E 2
Marsberg, 68, D 2
Maxhütte-Haidhof, 71, G/H 2
Mayen, 68, C 3
Mechernich, 68, B 3
Mecklenburg-Vorpommern, 67, G/K 2
Mecklenburgische Seenplatte, 67, G/H 2
Meerane, 69, H 3
Meersburg, 70, E 4
Meerfelder Bruch, 34, B 3
Meiningen, 68, F 3
Meisenheim, 68, C 4
Meißen, 69, J 2
Meißner, 68, E 2
Meldorf, 66, E 1
Melibocus, 68, D 4
Melle, 66, D 3
Mellrichstadt, 70, F 1
Mellum, 66, D 2
Melsungen, 68, E 2
Memmert, 66, B/C 2
Memmingen, 70, F 4
Menden, 68, C 2
Mengen, 70, E 3
Mengerskirchen, 68, D 3
Meppen, 66, C 3
Mering, 71, G 3

Merseburg, 69, G 2
Merzig, 68, B 4
Meschede, 68, D 2
Meßkirch, 70, E 4
Mettmann, 68, B/C 2
Metzingen, 70, E 3
Meuselwitz, 69, H 2
Michelstadt, 68, D 4
Miesbach, 71, G 4
Miltenberg, 70, E 2
Miltzow, 67, J 1
Mindel, 70, F 3
Mindelheim, 70, F 3
Minden, 68, D 1
Mirow, 67, H 2
Mittellandkanal, 67, G 3
Mittenwald, 71, G 4
Mitterteich, 71, H 2
Mittweida, 69, H 3
Moers, 68, B 2
Möhne, 68, D 2
Möhnetalsperre, 68, D 2
Mölln, 33, C 1
Mönchengladbach, 68, B 2
Monschau, 68, B 3
Montabaur, 68, C 3
Moosburg, 71, G 3
Moritzburg, 69, J 2
Mosbach, 70, E 2
Mosel, 68, C 3
Mössingen, 70, D/E 3
Mühlacker, 70, D 3
Mühldorf, 71, H 3
Mühlhausen, 68, F 2
Mulde (Fl.), 69, H 2
Mülheim (Ruhr), 68, B 2
Müllheim, 70, C 4
Münchberg, 71, G 1
Münchehagen (bei Loccum)
München, 71, G 3
Müngstener Brücke (bei Remscheid)
Münsingen, 70, E 3
Munster (O., Niedersachsen), 66, E/F 3
Münster (Westfalen), 68, C 2
Münsterland, 68, C 2
Murg, 70, D 3
Müritz, 67, H 2
Murnau, 71, G 4
Murrhardt, 70, E 2

N

Naab, 71, G 2
Nabburg, 71, H 2
Nagold (O. u. Fl.), 70, D 3
Nahe (Fl.), 68, C 4
Naila, 71, G 1
Nastätten, 68, C 3
Nauen, 67, H 3
Naumburg, 69, G 2
Nebelhorn, 70, F 4
Neckar, 70, E 3
Neckargemünd, 70, D 2
Neetze, 66, F 2
Nereshelm, 70, F 3
Nesselwang, 70, F 4
Nettetal, 68, B 2
Neu-Isenburg, 68, D 3
Neu-Ulm, 70, F 3
Neubrandenburg, 67, J 2

Neubukow, 67, G 1
Neuburg, 71, G 3
Neuendettelsau, 71, F/G 2
Neuendorf, 26, B 3
Neuenhaus, 66, B 3
Neuhaus, 67, F 2
Neuhaus am Rennweg, 69, F/G 3
Neukirchen (Hessen), 68, E 3
Neumarkt in der Oberpfalz, 71, G 2
Neumünster, 66, F 1
Neunburg vorm Wald, 71, H 2
Neunkirchen, 68, C 4
Neuruppin, 67, H 3
Neuschwanstein, 71, F 4
Neuss, 68, B 2
Neustadt (Thüringen), 69, G 3
Neustadt am Rübenberge, 66, E 3
Neustadt an der Aisch, 71, F 2
Neustadt an der Donau, 71, G 3
Neustadt an der Waldnaab, 71, G/H 2
Neustadt an der Weinstraße, 68, D 4
Neustadt bei Coburg, 71, F/G 1
Neustadt in Holstein, 67, F 1
Neustadt-Glewe, 67, G 2
Neustrelitz, 67, H/J 2
Neuwied, 68, C 3
Nidda (O. u. Fl.), 68, E 3
Nidder, 68, D/E 3
Niebüll, 66, D 1
Niederaula, 68, E 3
Niederlausitz, 69, J/K 2
Niedersachsen, 66, C–F 3
Nienburg/Weser, 66, E 3
Niers, 68, B 2
Nierstein, 68, D 4
Niesky, 69, K 2
Nittenau, 71, H 2
Nord-Ostsee-Kanal (Kielkanal), 66, E 1
Norddeich, Norden-, 66, C 2
Norden, 66, C 2
Nordenham, 66, D 2
Norderney, 66, C 2
Norderstedt, 66, E/F 2
Nordfriesische Inseln, 66, D 1
Nordfriesland, 66, D 1
Nordhausen, 69, F 2
Nordhorn, 66, C 3
Nördlingen, 71, F 3
Nordrhein-Westfalen, 68, B–D 2
Nordstrand, 66, D 1
Northeim, 66, F 4
Nürburg, 68, B/C 3
Nürnberg, 71, G 2
Nürtingen, 70, E 3
Nuthe, 67, J 3

  O

Oberammergau, 71, F/G 4
Obergünzburg, 70, F 4
Oberhausen, 68, B 2
Oberhof, 69, F 3
Oberkirch, 70, D 3
Oberkochen, 70, F 3
Oberlausitz, 69, J/K 2
Obernburg, 70, E 2
Oberndorf am Neckar, 70, D 3
Oberpfälzer Wald, 71, H 2
Oberschleißheim, 71, G 3

Oberstdorf, 70, F 4
Oberursel, 68, D 3
Oberviechtach, 71, H 2
Oberwiesenthal, 69, H/J 3
Ochsenfurt, 70, E/F 2
Ochsenhausen, 70, E/F 3
Oder, 67, K 3
Oder-Havel-Kanal, 67, J 3
Oder-Spree-Kanal, 67, K 3
Oderbruch, 67, K 3
Oderwald, 68, D/E 4
Oebisfelde, 67, G 3
Oelde, 68, D 2
Oelsnitz, 69, H 3
Oettingen, 71, F 3
Offenbach, 68, D 3
Offenburg, 70, C/D 3
Ohm, 68, D 3
Ohmgebirge, 68, F 2
Ohrdruf, 69, F 3

Ohre, 67, G 3
Öhringen, 70, E 2
Oker (Fl.), 66, F 3
Olbernhau, 69, J 3
Oldenburg in Holstein, 67, F/G 1
Oldenburg in Oldenburg, 66, D 2
Olpe, 68, C 2
Oppenheim, 68, D 4
Oranienburg, 67, H/J 3
Örtze, 66, F 3
Oschatz, 69, H/J 2
Oschersleben, 67, G 3
Osnabrück, 66, D 3
Oste, 66, E 2
Osterburg, 67, G 3
Osterburken, 70, E 2
Osterholz-Scharmbeck, 66, D 2
Osterode/Harz, 66, F 4
Osterwieck, 67, F 4
Ostfriesische Inseln, 66, B/C 2
Ostfriesland, 66, C 2
Ostheim, 70, F 1
Otterberg, 68, C 4
Otterndorf, 66, D 2
Ottobeuren, 70, F 4
Ottobrunn, 71, G 3
Our, 68, B 3
Overath, 68, C 3

 P

Paar, 71, G 3
Paderborn, 68, D 2
Papenburg, 66, C 2
Pappenheim, 71, G 3
Parchim, 67, G 2
Parsberg, 71, G 2
Parsdorf, 71, G 3
Pasewalk, 67, K 2
Passau, 71, J 3
Peene, 67, J 2
Pegnitz (O. u. Fl.), 71, G 2
Peine, 66, F 3
Peitz, 69, K 2
Pellworm, 66, D 1
Penzberg, 71, G 4
Perleberg, 67, G 2
Petersberg, 69, G/H 2

Petershagen (Brandenburg), 67, J 3
Petershagen (Nordrhein-Westfalen), 68, D 1
Pfaffenhofen, 71, G 3
Pfahl, 71, H 2
Pfälzer Wald, 68, C 4
Pfänder, 70, E 4
Pfarrkirchen, 71, H 3
Pforzheim, 70, D 3
Pfreimd, 71, H 2
Pfrimm, 68, D 4
Pfullendorf, 70, E 4
Pfullingen, 70, E 3
Pfungstadt, 68, D 4
Pinneberg, 66, E 2
Pirmasens, 68, C 4
Pirna, 69, J 3
Plane, 67, H 3
Plattling, 71, H 3
Plau, 67, H 2
Plauen (Vogtland), 69, G/H 3
Plauer See (Brandenburg), 67, H 3
Pleiße, 69, H 2
Plettenberg, 68, C 2
Plochingen, 70, E 3
Plön, 66, F 1
Pocking, 71, J 3
Poel, 67, G 1
Pommersche Bucht, 67, K 1
Poppberg, 71, G 2

Pößneck, 69, G 3
Potsdam, 67, H/J 3
Pöttmes, 71, G 3
Pramort, 27, F 2
Preetz, 66, F 1
Premnitz, 67, H 3
Prenzlau, 67, J/K 2
Prerow, 67, H 1
Prien, 71, H 4
Prignitz, 67, G/H 2
Pritzwalk, 67, H 2
Probstzella, 69, G 3
Prüm (O. u. Fl.), 68, B 3
Pulsnitz, 55, F 1
Putbus, 67, J 1
Puttgarden, 67, G 1

 Q

Quakenbrück, 66, C 3
Quedlinburg, 69, G 2
Querfurt, 69, G 2

 R

Radeberg, 69, J/K 2
Radebeul, 69, J 2
Radevormwald, 68, C 2
Radolfzell, 70, D/E 4
Rain, 71, F 3
Raisting (bei Dießen)
Rammelsberg, 42,
Randen, 70, D 4
Randow, 67, K 2
Rantum, 66, D 1
Rastatt, 70, D 3
Rastede, 66, D 2
Rathenow, 67, H 3
Ratingen, 68, B/C 2
Ratzeburg, 67, F 2
Ratzeburger See, 67, F 2
Rauher Kulm, 71, G 2
Ravensburg, 70, E 4
Recklinghausen, 68, C 2
Recknitz, 67, H 1
Regen, 71, H 2
Regensburg, 71, H 3
Regenstauf, 71, H 2
Regnitz, 71, F 2
Rehau, 71, G/H 1
Reichenbach (Sachsen), 69, H 3
Reinbek, 66, F 2
Reinhardswald, 33, B 6
Reit im Winkl, 71, H 4
Remagen, 68, C 3
Rems, 70, E 3
Remscheid, 68, C 2
Rendsburg, 66, E 1
Rennertshofen, 71, G 3
Rerik, 67, G 1
Reutlingen, 70, D/E 3
Rheda-Wiedenbrück, 68, D 2
Rhein, 70, D 2
Rheinau (Ortenaukreis), 70, C/D 3
Rheinbach, 68, B/C 3
Rheine, 68, C 1
Rheinfelden (Baden), 70, C 4
Rheinland-Pfalz, 68, B–C 3/4
Rheinsberg, 67, H/J 2

Register 77

78 Register

Rhin, 67, H 2
Rhinkanal, 67, H 3
Rhön, 70, E/F 1
Rhume, 66, F 4
Ribnitz-Damgarten, 67, H 1
Riedenburg, 71, G 3
Riedlingen, 70, E 3
Ries, 51, G 1
Riesa, 69, J 2
Rinteln, 66, E 3
Riß, 70, E 3
Röbel, 67, H 2
Rockenhausen, 68, C 4
Rodach (Fl. zum Main), 71, G 1
Rodach (O.), 71, F 1
Roding, 71, H 2
Roetgen, 68, B 3
Ronneburg, 69, H 3
Rosenheim, 71, G/H 4
Roßlau, 69, H 2
Rostock, 67, G/H 1
Rotenburg (Wümme), 66, E 2
Rotenburg an der Fulda, 68, E 3
Roter Main, 71, G 1/2
Roth, 71, G 2
Rothaargebirge, 68, D 2
Röthenbach, 71, G 2
Rothenburg ob der Tauber, 70, E/F 2
Rott (Fl.), 71, J 3
Rottenburg am Neckar, 70, D 3
Rottenburg an der Laber, 71, G/H 3
Rottweil, 70, D 3
Rudelsburg, 69, G 2
Rüdersdorf, 67, J 3
Rüdesheim, 68, C/D 3/4
Rudolphstein, 71, G 1
Rudolstadt, 69, G 3
Rügen, 67, J 1
Rühen, 67, F 3
Ruhner Berge, 67, G 2
Ruhpolding, 71, H 4
Ruhr, 68, C 2
Ruhrgebiet, 36/37,
Rur, 68, B 3
Rüsselsheim, 68, D 4
Rust (bei Herboldsheim)

S

Saale, 69, G 2
Saalfeld, 69, G 3
Saar, 68, B 4
Saarbrücken, 68, B/C 4
Saarburg, 68, B 4
Saarland, 68, B/C 4
Saarlouis, 68, B 4
Sababurg, 33, B 6
Sachsen, 69, J 3
Sachsen-Anhalt, 69, G 1/2
Salzgitter, 66, F 3
Salzwedel, 67, F/G 3
Sangerhausen, 38, A 5
Sankt Andreasberg, 66, F 4
Sankt Blasien, 70, D 4
Sankt Georgen, 70, D 3
Sankt Goar, 68, C 3
Sankt Goarshausen, 68, C/D 3
Sankt Ingbert, 68, B/C 4
Sankt Peter-Ording, 66, D 1
Sankt Wendel, 68, C 4
Sarstedt, 66, E 3
Sassnitz, 67, J 1
Sauer, 68, B 4
Sauerland, 68, C/D 2
Saulgau, 70, E 4
Schaalsee, 67, F/G 2
Scharhörn, 66, D 2
Scharnebeck, 31, G 2
Scheinfeld, 70, F 2
Schierling, 71, H 3
Schillingsfürst, 70, F 2
Schkeuditz, 69, H 2
Schlei, 66, E 1
Schleiden, 68, B 3
Schleißheim, 63, D 3
Schleiz, 69, G 3
Schleswig, 66, E 1
Schleswig-Holstein, 66, E/F 1
Schleusingen, 69, F 3
Schliersee, 71, G/H 4
Schlitz, 68, E 3
Schluchsee, 70, D 4
Schlüchtern, 68, E 3
Schlüsselfeld, 51, C 3
Schmalkalden, 68, F 3
Schnackenburg, 67, G 2
Schneeberg, 69, G 3
Schneeberg (O.), 69, H 3
Schneifel, 68, B 3
Schneverdingen, 66, E 2
Schönberg, 66, F 1
Schönebeck, 67, G 4
Schönefeld, 67, J 3
Schöningen, 67, F 3
Schongau, 71, F 4
Schöppenstedt, 67, F 3
Schopfheim, 70, C/D 4
Schorfheide, 67, J 3
Schorndorf, 70, E 3
Schortens, 66, C 2
Schotten, 68, D/E 3
Schramberg, 70, D 3
Schrobenhausen, 71, F/G 3
Schussen, 70, E 4
Schwaan, 67, G/H 2
Schwabach, 71, G 2
Schwäbisch Gmünd, 70, E 3
Schwäbisch Hall, 70, E 2
Schwäbische Alb, 70, D–F 3/4
Schwabmünchen, 71, F 3
Schwalmstadt, 68, E 3
Schwandorf, 71, G/H 2
Schwanheide, 67, F 2
Schwarmstedt, 66, E 3
Schwarzach, 71, H 2
Schwarzbach, 68, C 4
Schwarze Elster, 69, J 2
Schwarzenberg, 69, H 3
Schwedt, 67, K 2
Schweinfurt, 70, F 1
Schwelm, 68, C 2
Schwerin, 67, G 2
Schweriner See, 67, G 2
Schwerte, 68, C 2
Schwetzingen, 70, D 2
Seehausen, 67, G 3
Seelow, 67, K 3
Seeon, 71, H 4
Seesen, 66, F 4
Seiffen, 55, E 3
Selb, 71, H 1
Selenter See, 66, F 1
Selfkant, 8,
Selters, 68, D 3
Selz, 68, D 4
Senden, 70, F 3
Senftenberg, 69, K 2
Sennestadt, Bielefeld-, 68, D 2
Siebengebirge, 45, D 2
Sieg, 68, C 3
Siegburg, 68, C 3
Siegen, 68, D 3
Sigmaringen, 70, D/E 3
Simbach, 71, H/J 3
Simmern, 68, C 4
Sindelfingen, 70, D 3
Singen, 70, D 4
Sinn, 68, E 3
Sinsheim, 70, D/E 2
Sittensen, 66, E 2
Soest, 68, D 2
Soeste, 66, C 2/3
Soholmer Au, 66, E 1
Solingen, 68, C 2
Solling, 33, B 6
Solnhofen, 51, H 1
Soltau, 31, F 3
Sömmerda, 69, G 2
Sondershausen, 69, F/G 2
Sonneberg, 54, A 4
Sonneberg, 69, G 3
Sonthofen, 70, F 4
Sorpetalsperre, 68, C 2
Söse, 66, F 4
Spaichingen, 70, D 3
Spalt, 71, F 2
Spessart, 70, E 1/2
Speyer, 68, D 4
Speyerbach, 68, C 4
Spiekeroog, 66, C 2
Spree, 67, K 3
Spreewald, 69, J/K 2
Spremberg, 69, K 2
Springe, 66, E 3
St. Pauli (Hamburg), 29
Stachelberg, 71, F 1
Stade, 66, E 2
Stadtallendorf, 68, E 3
Stadthagen, 66, E 3
Stadtilm, 69, G 3
Stadtlohn, 68, B/C 2
Stadtoldendorf, 66, E 4
Stadtroda, 69, G 3
Staffelberg, 71, G 1
Staffelsee, 71, G 4
Staffelstein, 71, F 1
Starnberg, 71, G 4
Starnberger See, 71, G 4
Starzel, 70, D 3
Staßfurt, 67, G 4
Stavenhagen, 67, H 2
Steigerwald, 70, F 2
Stein (Kreis Nürnberg), 71, F 2
Steinach, 54, A 4
Steinfurt, 68, C 1
Steinhagen (Nordrhein-Westfalen), 68, D 1
Steinheim, 51, F 2
Steinhuder Meer, 66, E 3
Stendal, 67, G 3
Stockach, 70, E 4
Stolberg, 68, B 3
Stollberg, 69, H 3
Stolzenau, 66, D/E 3
Stör, 66, E 2
Stormarn, 66, E/F 2
Stralsund, 67, H/J 1
Strasburg, 67, J 2
Straubing, 71, H 3
Strausberg, 67, J/K 3
Stubbenkammer, 67, J 1
Stuttgart, 70, E 3
Sude, 67, G 2
Süderbrarup, 66, E 1
Süderlügum, 66, D/E 1
Suhl, 69, F 3
Sulingen, 66, D 3
Sulzbach-Rosenberg, 71, G 2
Sundern, 68, C/D 2
Süntel, 66, E 3
Syke, 66, D 3
Sylvensteinsee, 71, G 4

T

Tangerhütte, 67, G 3
Tangermünde, 67, H 3
Tauber, 70, E 2
Tauberbischofsheim, 70, E 2
Taucha, 69, H 2
Taunus, 68, D 3
Tecklenburg, 68, C 1
Tegernsee, 71, G 4
Teltow (O. u. L.), 67, J 3
Templin, 67, J 2
Teterow, 67, H 2
Teufelsmoor, 66, D/E 2
Teuschnitz, 71, G 1
Teutoburger Wald, 68, D 1/2
Thale, 69, G 2
Thannhausen, 70, F 3
Thedinghausen, 66, D/E 3
Thüringen, 69, F/G 3
Thüringer Wald, 69, F/G 3
Thurnau, 71, G 1
Timmendorfer Strand, 66, F 1
Tirschenreuth, 71, H 2
Titisee-Neustadt, 70, D 4
Tittling, 71, J 3
Tittmoning, 71, H 3
Tollense, 67, J 2
Tollensesee, 67, J 2
Tönning, 66, D 1
Torgau, 69, H 2
Torgelow, 67, K 2
Tostedt, 66, E 2
Traben-Trarbach, 68, C 4